사랑하는

______________________ 님에게 드립니다.

오늘도 주 안에서 기쁨과 평안이 가득하길 축복합니다.

하나님이 세상을 이처럼 사랑하사

독생자를 주셨으니

이는 저를 믿는 자마다 멸망치 않고

영생을 얻게 하려 하심이니라

- 요 3:16

12 December

이 일을 증거하고 이 일을 기록한 제자가 이 사람이라 우리는 그의 증거가 참인 줄 아노라 예수의 행하신 일이 이 외에도 많으니 만일 낱낱이 기록된다면 이 세상이라도 이 기록된 책을 두기에 부족할 줄 아노라 - 요 21:24-25

31

1 January

아브라함과 다윗의 자손
예수 그리스도의 세계라
그런즉 모든 대 수가 아
브라함부터 다윗까지 열
네 대요 다윗부터 바벨
론으로 이거할 때까지
열네 대요 바벨론으로
이거한 후부터 그리스도
까지 열네 대러라

- 마 1:1, 17

12 December

세 번째 가라사대 요한의 아들 시몬아 네가 나를 사랑하느냐 하시니 주께서 세 번째 네가 나를 사랑하느냐 하시므로 베드로가 근심하여 가로되 주여 모든 것을 아시오매 내가 주를 사랑하는 줄을 주께서 아시나이다 예수께서 가라사대 내 양을 먹이라

- 요 21:17

30

1 January

예수 그리스도의 나심은 이러하니라 그 모친 마리아가 요셉과 정혼하고 동거하기 전에 성령으로 잉태된 것이 나타났더니

- 마 1:18

12 December

이것은 예수께서 죽은 자 가운데서 살아나신 후에 세 번째로 제자들에게 나타나신 것이라 저희가 조반 먹은 후에 예수께서 시몬 베드로에게 이르시되 요한의 아들 시몬아 네가 이 사람들보다 나를 더 사랑하느냐 하시니 가로되 주여 그러하외다 내가 주를 사랑하는 줄 주께서 아시나이다 가라사대 내 어린 양을 먹이라 하시고

- 요 21:14-15

29

1 January

그 남편 요셉은 의로운 사람이라 저를 드러내지 아니하고 가만히 끊고자 하여 이 일을 생각할 때에 주의 사자가 현몽하여 가로되 다윗의 자손 요셉아 네 아내 마리아 데려오기를 무서워 말라 저에게 잉태된 자는 성령으로 된 것이라

- 마 1:19-20

3

12 December

시몬 베드로가 올라가서 그물을 육지에 끌어 올리니 가득히 찬 큰 고기가 일백쉰세 마리라 이같이 많으나 그물이 찢어지지 아니하였더라 예수께서 가라사대 와서 조반을 먹으라 하시니 제자들이 주신 줄 아는 고로 당신이 누구냐 감히 묻는 자가 없더라 예수께서 가셔서 떡을 가져다가 저희에게 주시고 생선도 그와 같이 하시니라 - 요 21:11-13

28

1 January

요셉이 잠을 깨어 일어나서 주의 사자의 분부대로 행하여 그 아내를 데려왔으나 아들을 낳기까지 동침치 아니하더니 낳으매 이름을 예수라 하니라 - 마 1:24-25

4

12 December

날이 새어갈 때에 예수께
서 바닷가에 서셨으나 제
자들이 예수신 줄 알지 못
하는지라 예수께서 이르
시되 얘들아 너희에게 고
기가 있느냐 대답하되 없
나이다 가라사대 그물을
배 오른편에 던지라 그리
하면 얻으리라 하신대 이
에 던졌더니 고기가 많아
그물을 들 수 없더라

- 요 21:4-6

27

1 January

헤롯왕 때에 예수께서 유대 베들레헴에서 나시매 동방으로부터 박사들이 예루살렘에 이르러 말하되 유대인의 왕으로 나신 이가 어디 계시뇨 우리가 동방에서 그의 별을 보고 그에게 경배하러 왔노라 하니 헤롯왕과 온 예루살렘이 듣고 소동한지라

- 마 2:1-3

5

12 December

여드레를 지나서 제자들이 다시 집 안에 있을 때에 도마도 함께 있고 문들이 닫혔는데 예수께서 오사 가운데 서서 가라사대 너희에게 평강이 있을찌어다 하시고 도마에게 이르시되 네 손가락을 이리 내밀어 내 손을 보고 네 손을 내밀어 내 옆구리에 넣어보라 그리하고 믿음 없는 자가 되지 말고 믿는 자가 되라 도마가 대답하여 가로되 나의 주시며 나의 하나님이시니이다

- 요 20:26-28

26

1 January

저희가 별을 보고 가장 크게 기뻐하고 기뻐하더라 집에 들어가 아기와 그 모친 마리아의 함께 있는 것을 보고 엎드려 아기께 경배하고 보배합을 열어 황금과 유향과 몰약을 예물로 드리니라

- 마 2:10-11

12 December

이날 곧 안식 후 첫날 저녁 때에 제자들이 유대인들을 두려워하여 모인 곳에 문들을 닫았더니 예수께서 오사 가운데 서서 가라사대 너희에게 평강이 있을찌어다 이 말씀을 하시고 손과 옆구리를 보이시니 제자들이 주를 보고 기뻐하더라

- 요 20:19-20

25

1 January

저희가 떠난 후에 주의 사자가 요셉에게 현몽하여 가로되 헤롯이 아기를 찾아 죽이려 하니 일어나 아기와 그의 모친을 데리고 애굽으로 피하여 내가 네게 이르기까지 거기 있으라 하시니 요셉이 일어나서 밤에 아기와 그의 모친을 데리고 애굽으로 떠나가 - 마 2:13-14

7

12 December

마리아는 무덤 밖에 서서 울고 있더니 울면서 구푸려 무덤 속을 들여다보니 흰 옷 입은 두 천사가 예수의 시체 뉘었던 곳에 하나는 머리 편에, 하나는 발 편에 앉았더라 천사들이 가로되 여자여 어찌하여 우느냐 가로되 사람이 내 주를 가져다가 어디 두었는지 내가 알지 못함이니이다 이 말을 하고 뒤로 돌이켜 예수의 서신 것을 보나 예수신 줄 알지 못하더라 - 요 20:11-14

24

1 January

헤롯이 죽은 후에 주의 사자가 애굽에서 요셉에게 현몽하여 가로되 일어나 아기와 그 모친을 데리고 이스라엘 땅으로 가라 아기의 목숨을 찾던 자들이 죽었느니라 하시니 요셉이 일어나 아기와 그 모친을 데리고 이스라엘 땅으로 들어오니라 - 마 2:19-21

8

12 December

시몬 베드로도 따라와서 무덤에 들어가 보니 세마포가 놓였고 또 머리를 쌌던 수건은 세마포와 함께 놓이지 않고 딴 곳에 개켜 있더라 - 요 20:6-7

23

1 January

그때에 세례 요한이 이르러 유대 광야에서 전파하여 가로되 회개하라 천국이 가까왔느니라 하였으니 - 마 3:1-2

9

12 December

안식 후 첫날 이른 아침 아직 어두울 때에 막달라 마리아가 무덤에 와서 돌이 무덤에서 옮겨간 것을 보고 시몬 베드로와 예수의 사랑하시던 그 다른 제자에게 달려가서 말하되 사람이 주를 무덤에서 가져다가 어디 두었는지 우리가 알지 못하겠다 하니

- 요 20:1-2

22

1 January

저는 선지자 이사야로 말씀하신 자라 일렀으되 광야에 외치는 자의 소리가 있어 가로되 너희는 주의 길을 예비하라 그의 첩경을 평탄케 하라 하였느니라

- 마 3:3

12 December

아리마대 사람 요셉이 예수의 제자나 유대인을 두려워하여 은휘하더니 이 일 후에 빌라도더러 예수의 시체를 가져가기를 구하매 빌라도가 허락하는지라 이에 가서 예수의 시체를 가져가니라

- 요 19:38

21

1 January

예수께서 세례를 받으시
고 곧 물에서 올라 오실
쌔 하늘이 열리고 하나
님의 성령이 비둘기 같
이 내려 자기 위에 임하
심을 보시더니 하늘로서
소리가 있어 말씀하시되
이는 내 사랑하는 아들
이요 내 기뻐하는 자라
하시니라 - 마 3:16-17

11

12 December

군병들이 가서 예수와 함께 못 박힌 첫째 사람과 또 그 다른 사람의 다리를 꺾고 예수께 이르러는 이미 죽은 것을 보고 다리를 꺾지 아니하고 그중 한 군병이 창으로 옆구리를 찌르니 곧 피와 물이 나오더라 - 요 19:32-34

20

1 January

그때에 예수께서 성령에게 이끌리어 마귀에게 시험을 받으러 광야로 가사 사십 일을 밤낮으로 금식하신 후에 주리신지라 - 마 4:1-2

12 December

이후에 예수께서 모든 일이 이미 이룬 줄 아시고 성경으로 응하게 하려 하사 가라사대 내가 목마르다 하시니 거기 신 포도주가 가득히 담긴 그릇이 있는지라 사람들이 신 포도주를 머금은 해융을 우슬초에 매어 예수의 입에 대니 예수께서 신 포도주를 받으신 후 가라사대 다 이루었다 하시고 머리를 숙이시고 영혼이 돌아가시니라 - 요 19:28-30

19

1 January

이에 예수께서 말씀하시되 사단아 물러가라 기록되었으되 주 너의 하나님께 경배하고 다만 그를 섬기라 하였느니라

- 마 4:10

12 December

군병들이 예수를 십자가에 못 박고 그의 옷을 취하여 네 깃에 나눠 각각 한 깃씩 얻고 속옷도 취하니 이 속옷은 호지 아니하고 위에서부터 통으로 짠 것이라 군병들이 서로 말하되 이것을 찢지 말고 누가 얻나 제비 뽑자 하니 이는 성경에 저희가 내 옷을 나누고 내 옷을 제비 뽑나이다 한 것을 응하게 하려 함이러라 군병들은 이런 일을 하고

- 요 19:23-24

18

1 January

스불론 땅과 납달리 땅과 요단강 저편 해변 길과 이방의 갈릴리여 흑암에 앉은 백성이 큰 빛을 보았고 사망의 땅과 그늘에 앉은 자들에게 빛이 비치었도다 하였느니라 이때부터 예수께서 비로소 전파하여 가라사대 회개하라 천국이 가까왔느니라 하시더라

- 마 4:15-17

14

12 December

저희가 거기서 예수를 십자가에 못 박을쌔 다른 두 사람도 그와 함께 좌우편에 못 박으니 예수는 가운데 있더라 빌라도가 패를 써서 십자가 위에 붙이니 나사렛 예수 유대인의 왕이라 기록되었더라 예수의 못 박히신 곳이 성에서 가까운 고로 많은 유대인이 이 패를 읽는데 히브리와 로마와 헬라 말로 기록되었더라

- 요 19:18-20

17

1 January

갈릴리 해변에 다니시다가 두 형제 곧 베드로라 하는 시몬과 그 형제 안드레가 바다에 그물 던지는 것을 보시니 저희는 어부라 말씀하시되 나를 따라 오너라 내가 너희로 사람을 낚는 어부가 되게 하리라 하시니 저희가 곧 그물을 버려 두고 예수를 좇으니라 - 마 4:18-20

15

12 December

저희가 소리 지르되 없이 하소서 없이 하소서 저를 십자가에 못 박게 하소서 빌라도가 가로되 내가 너희 왕을 십자가에 못 박으랴 대제사장들이 대답하되 가이사 외에는 우리에게 왕이 없나이다 하니 이에 예수를 십자가에 못 박히게 저희에게 넘겨주니라

- 요 19:15-16

16

1 January

나를 인하여 너희를 욕하고 핍박하고 거짓으로 너희를 거스려 모든 악한 말을 할 때에는 너희에게 복이 있나니 기뻐하고 즐거워하라 하늘에서 너희의 상이 큼이라 너희 전에 있던 선지자들을 이같이 핍박하였느니라 - 마 5:11-12

16

12 December

이에 예수께서 가시 면류
관을 쓰고 자색 옷을 입
고 나오시니 빌라도가 저
희에게 말하되 보라 이 사
람이로다 하매 대제사장
들과 하속들이 예수를 보
고 소리 질러 가로되 십자
가에 못 박게 하소서 십자
가에 못 박게 하소서 하
는지라 빌라도가 가로되
너희가 친히 데려다가 십
자가에 못 박으라 나는
그에게서 죄를 찾지 못하
노라

- 요 19:5-6

15

1 January

사람이 등불을 켜서 말 아래 두지 아니하고 등경 위에 두나니 이러므로 집안 모든 사람에게 비취느니라 이같이 너희 빛을 사람 앞에 비취게 하여 저희로 너희 착한 행실을 보고 하늘에 계신 너희 아버지께 영광을 돌리게 하라

- 마 5:15-16

17

12 December

이에 빌라도가 예수를 데려다가 채찍질하더라 군병들이 가시로 면류관을 엮어 그의 머리에 씌우고 자색 옷을 입히고 앞에 와서 가로되 유대인의 왕이여 평안할찌어다 하며 손바닥으로 때리더라

- 요 19:1-3

14

1 January

내가 율법이나 선지자나 폐하러 온 줄로 생각지 말라 폐하러 온 것이 아니요 완전케 하려 함이로라 진실로 너희에게 이르노니 천지가 없어지기 전에는 율법의 일점 일획이라도 반드시 없어지지 아니하고 다 이루리라 - 마 5:17-18

18

12 December

빌라도가 가로되 진리가 무엇이냐 하더라 이 말을 하고 다시 유대인들에게 나가서 이르되 나는 그에게서 아무 죄도 찾지 못하노라 유월절이면 내가 너희에게 한 사람을 놓아 주는 전례가 있으니 그러면 너희는 내가 유대인의 왕을 너희에게 놓아 주기를 원하느냐 하니 저희가 또 소리 질러 가로되 이 사람이 아니라 바라바라 하니 바라바는 강도러라

- 요 18:38-40

13

1 January

그러므로 너희는 이렇게 기도하라 하늘에 계신 우리 아버지여 이름이 거룩히 여김을 받으시오며 나라이 임하옵시며 뜻이 하늘에서 이룬 것 같이 땅에서도 이루어지이다 오늘날 우리에게 일용할 양식을 주옵시고 우리가 우리에게 죄 지은 자를 사하여 준 것 같이 우리 죄를 사하여 주옵시고 우리를 시험에 들게 하지 마옵시고 다만 악에서 구하옵소서

- 마 6:9-13

19

12 December

이에 빌라도가 다시 관정에 들어가 예수를 불러 가로되 네가 유대인의 왕이냐 예수께서 대답하시되 이는 네가 스스로 하는 말이뇨 다른 사람들이 나를 대하여 네게 한 말이뇨

- 요 18:33-34

12

1 January

너는 금식할 때에 머리에 기름을 바르고 얼굴을 씻으라 이는 금식하는 자로 사람에게 보이지 않고 오직 은밀한 중에 계신 네 아버지께 보이게 하려 함이라 은밀한 중에 보시는 네 아버지께서 갚으시리라

- 마 6:17-18

20

12 December

빌라도가 가로되 너희가 저를 데려다가 너희 법대로 재판하라 유대인들이 가로되 우리에게는 사람을 죽이는 권이 없나이다 하니 이는 예수께서 자기가 어떠한 죽음으로 죽을 것을 가리켜 하신 말씀을 응하게 하려 함이러라

- 요 18:31-32

11

1 January

공중의 새를 보라 심지도 않고 거두지도 않고 창고에 모아 들이지도 아니하되 너희 천부께서 기르시나니 너희는 이것들보다 귀하지 아니하냐

- 마 6:26

12 December

시몬 베드로가 서서 불을 쬐더니 사람들이 묻되 너도 그 제자 중 하나가 아니냐 베드로가 부인하여 가로되 나는 아니라 하니 대제사장의 종 하나는 베드로에게 귀를 베어 버리운 사람의 일가라 가로되 네가 그 사람과 함께 동산에 있던 것을 내가 보지 아니하였느냐 이에 베드로가 또 부인하니 곧 닭이 울더라 - 요 18:25-27

10

1 January

구하라 그러면 너희에게
주실 것이요 찾으라 그
러면 찾을 것이요 문을
두드리라 그러면 너희에
게 열릴 것이니 구하는
이마다 얻을 것이요 찾
는 이가 찾을 것이요 두
드리는 이에게 열릴 것이
니라 - 마 7:7-8

22

12 December

이에 군대와 천부장과 유대인의 하속들이 예수를 잡아 결박하여 먼저 안나스에게로 끌고 가니 안나스는 그해의 대제사장인 가야바의 장인이라 가야바는 유대인들에게 한 사람이 백성을 위하여 죽는 것이 유익하다 권고하던 자러라 - 요 18:12-14

9

1 January

그의 열매로 그들을 알찌니 가시나무에서 포도를, 또는 엉겅퀴에서 무화과를 따겠느냐 이와 같이 좋은 나무마다 아름다운 열매를 맺고 못된 나무가 나쁜 열매를 맺나니 좋은 나무가 나쁜 열매를 맺을 수 없고 못된 나무가 아름다운 열매를 맺을 수 없느니라 - 마 7:16-18

23

12 December

거기는 예수께서 제자들과 가끔 모이시는 곳이므로 예수를 파는 유다도 그곳을 알더라 유다가 군대와 및 대제사장들과 바리새인들에게서 얻은 하속들을 데리고 등과 홰와 병기를 가지고 그리로 오는지라

- 요 18:2-3

8

1 January

한 문둥병자가 나아와 절하고 가로되 주여 원하시면 저를 깨끗케 하실 수 있나이다 하거늘 예수께서 손을 내밀어 저에게 대시며 가라사대 내가 원하노니 깨끗함을 받으라 하신대 즉시 그의 문둥병이 깨끗하여진지라 - 마 8:2-3

24

12 December

예수께서 이 말씀을 하시고 제자들과 함께 기드론 시내 저편으로 나가시니 거기 동산이 있는데 제자들과 함께 들어가시다

- 요 18:1

7

1 January

바다에 큰 놀이 일어나 물결이 배에 덮이게 되었으되 예수는 주무시는지라 그 제자들이 나아와 깨우며 가로되 주여 구원하소서 우리가 죽겠나이다 예수께서 이르시되 어찌하여 무서워하느냐 믿음이 적은 자들아 하시고 곧 일어나사 바람과 바다를 꾸짖으신대 아주 잔잔하게 되거늘

\- 마 8:24-26

25

12 December

내가 저희를 위하여 비옵나니 내가 비옵는 것은 세상을 위함이 아니요 내게 주신 자들을 위함이니이다 저희는 아버지의 것이로소이다 내 것은 다 아버지의 것이요 아버지의 것은 내 것이온데 내가 저희로 말미암아 영광을 받았나이다 - 요 17:9-10

6

1 January

귀신들이 예수께 간구하
여 가로되 만일 우리를
쫓아 내실찐대 돼지떼에
들여 보내소서 한대 저
희더러 가라 하시니 귀신
들이 나와서 돼지에게로
들어가는지라 온 떼가
비탈로 내리달아 바다에
들어가서 물에서 몰사하
거늘 - 마 8:31-32

26

12 December

예수께서 이 말씀을 하시고 눈을 들어 하늘을 우러러 가라사대 아버지여 때가 이르렀사오니 아들을 영화롭게 하사 아들로 아버지를 영화롭게 하게 하옵소서 아버지께서 아들에게 주신 모든 자에게 영생을 주게 하시려고 만민을 다스리는 권세를 아들에게 주셨음이로소이다

- 요 17:1-2

5

1 January

네 죄 사함을 받았느니라 하는 말과 일어나 걸어가라 하는 말이 어느 것이 쉽겠느냐 그러나 인자가 세상에서 죄를 사하는 권세가 있는 줄을 너희로 알게 하려 하노라 하시고 중풍병자에게 말씀하시되 일어나 네 침상을 가지고 집으로 가라 하시니 그가 일어나 집으로 돌아가거늘

- 마 9:5-7

27

12 December

그러하나 내가 너희에게 실상을 말하노니 내가 떠나가는 것이 너희에게 유익이라 내가 떠나가지 아니하면 보혜사가 너희에게로 오시지 아니할 것이요 가면 내가 그를 너희에게로 보내리니 그가 와서 죄에 대하여, 의에 대하여, 심판에 대하여 세상을 책망하시리라 - 요 16:7-8

4

1 January

열두 해를 혈루증으로
앓는 여자가 예수의 뒤
로 와서 그 겉옷 가를 만
지니 이는 제 마음에 그
겉옷만 만져도 구원을
받겠다 함이라 예수께서
돌이켜 그를 보시며 가
라사대 딸아 안심하라
네 믿음이 너를 구원하
였다 하시니 여자가 그
시로 구원을 받으니라

\- 마 9:20-22

28

12 December

사람이 친구를 위하여 자
기 목숨을 버리면 이에서
더 큰 사랑이 없나니 너희
가 나의 명하는 대로 행하
면 곧 나의 친구라

- 요 15:13-14

3

1 January

예수께서 그 열두 제자를 부르사 더러운 귀신을 쫓아내며 모든 병과 모든 약한 것을 고치는 권능을 주시니라

- 마 10:1

29

12 December

나는 포도나무요 너희는 가지니 저가 내 안에, 내가 저 안에 있으면 이 사람은 과실을 많이 맺나니 나를 떠나서는 너희가 아무것도 할 수 없음이라

- 요 15:5

2

1 January

예수께서 대답하여 가라사대 너희가 가서 듣고 보는 것을 요한에게 고하되 소경이 보며 앉은뱅이가 걸으며 문둥이가 깨끗함을 받으며 귀머거리가 들으며 죽은 자가 살아나며 가난한 자에게 복음이 전파된다 하라 - 마 11:4-5

30

12 December

예수께서 가라사대 내가 곧 길이요 진리요 생명이니 나로 말미암지 않고는 아버지께로 올 자가 없느니라 - 요 14:6

1

1 January

기록된바 보라 내가 내
사자를 네 앞에 보내노
니 저가 네 길을 네 앞에
예비하리라 하신 것이 이
사람에 대한 말씀이니라
- 마 11:10

31

11 November

베드로가 가로되 주여 내가 지금은 어찌하여 따를 수 없나이까 주를 위하여 내 목숨을 버리겠나이다 예수께서 대답하시되 네가 나를 위하여 네 목숨을 버리겠느냐 내가 진실로 진실로 네게 이르노니 닭 울기 전에 네가 세 번 나를 부인하리라

- 요 13:37-38

30

2 February

수고하고 무거운 짐 진 자들아 다 내게로 오라 내가 너희를 쉬게 하리라 나는 마음이 온유하고 겸손하니 나의 멍에를 메고 내게 배우라 그러면 너희 마음이 쉼을 얻으리니 이는 내 멍에는 쉽고 내 짐은 가벼움이라 하시니라

- 마 11:28-30

1

11 November

예수께서 대답하시되 내가 한 조각을 찍어다가 주는 자가 그니라 하시고 곧 한 조각을 찍으셔다가 가룟 시몬의 아들 유다를 주시니 조각을 받은 후 곧 사단이 그 속에 들어간지라 이에 예수께서 유다에게 이르시되 네 하는 일을 속히 하라 하시니

- 요 13:26-27

29

2 February

나는 자비를 원하고 제사를 원치 아니하노라 하신 뜻을 너희가 알았더면 무죄한 자를 죄로 정치 아니하였으리라 인자는 안식일의 주인이니라 하시니라

- 마 12:7-8

2

11 November

저녁 먹는 중 예수는 아버지께서 모든 것을 자기 손에 맡기신 것과 또 자기가 하나님께로부터 오셨다가 하나님께로 돌아가실 것을 아시고 저녁 잡수시던 자리에서 일어나 겉옷을 벗고 수건을 가져다가 허리에 두르시고 이에 대야에 물을 담아 제자들의 발을 씻기시고 그 두르신 수건으로 씻기기를 시작하여 - 요 13:3-5

28

2 February

예수께서 가라사대 너희 중에 어느 사람이 양 한 마리가 있어 안식일에 구덩이에 빠졌으면 붙잡아 내지 않겠느냐 사람이 양보다 얼마나 더 귀하냐 그러므로 안식일에 선을 행하는 것이 옳으니라 하시고 - 마 12:11-12

3

11 November

예수께서 대답하여 가라사대 인자의 영광을 얻을 때가 왔도다 내가 진실로 진실로 너희에게 이르노니 한 알의 밀이 땅에 떨어져 죽지 아니하면 한 알 그대로 있고 죽으면 많은 열매를 맺느니라 자기 생명을 사랑하는 자는 잃어버릴 것이요 이 세상에서 자기 생명을 미워하는 자는 영생하도록 보존하리라 - 요 12:23-25

27

2 February

그때에 서기관과 바리새
인 중 몇 사람이 말하되
선생님이여 우리에게 표
적 보여주시기를 원하나이
다 예수께서 대답하여 가
라사대 악하고 음란한 세
대가 표적을 구하나 선지
자 요나의 표적 밖에는 보
일 표적이 없느니라 요나
가 밤낮 사흘을 큰 물고
기 뱃속에 있었던 것 같이
인자도 밤낮 사흘을 땅속
에 있으리라 - 마 12:38-40

4

11 November

그 이튿날에는 명절에 온 큰 무리가 예수께서 예루살렘으로 오신다 함을 듣고 종려나무 가지를 가지고 맞으러 나가 외치되 호산나 찬송하리로다 주의 이름으로 오시는 이 곧 이스라엘의 왕이시여 하더라 예수는 한 어린 나귀를 만나서 타시니 이는 기록된바 시온 딸아 두려워 말라 보라 너의 왕이 나귀 새끼를 타고 오신다 함과 같더라 - 요 12:12-15

26

2 February

대답하여 가라사대 천국의 비밀을 아는 것이 너희에게는 허락되었으나 저희에게는 아니되었나니 무릇 있는 자는 받아 넉넉하게 되되 무릇 없는 자는 그 있는 것도 빼앗기리라 그러므로 내가 저희에게 비유로 말하기는 저희가 보아도 보지 못하며 들어도 듣지 못하며 깨닫지 못함이니라 - 마 13:11-13

5

11 November

마리아는 지극히 비싼 향유 곧 순전한 나드 한 근을 가져다가 예수의 발에 붓고 자기 머리털로 그의 발을 씻으니 향유 냄새가 집에 가득하더라 - 요 12:3

25

2 February

좋은 땅에 뿌리웠다는 것은 말씀을 듣고 깨닫는 자니 결실하여 혹 백배, 혹 육십배, 혹 삼십배가 되느니라 하시더라

- 마 13:23

6

11 November

이날부터는 저희가 예수를 죽이려고 모의하니라 그러므로 예수께서 다시 유대인 가운데 드러나게 다니지 아니하시고 여기를 떠나 빈 들 가까운 곳인 에브라임이라는 동네에 가서 제자들과 함께 거기 유하시니라

- 요 11:53-54

24

2 February

대답하여 가라사대 좋은 씨를 뿌리는 이는 인자요 밭은 세상이요 좋은 씨는 천국의 아들들이요 가라지는 악한 자의 아들들이요 가라지를 심은 원수는 마귀요 추수때는 세상 끝이요 추숫군은 천사들이니 그런즉 가라지를 거두어 불에 사르는 것 같이 세상끝에도 그러하리라

- 마 13:37-40

7

11 November

이에 대제사장들과 바리새인들이 공회를 모으고 가로되 이 사람이 많은 표적을 행하니 우리가 어떻게 하겠느냐 만일 저를 이대로 두면 모든 사람이 저를 믿을 것이요 그리고 로마인들이 와서 우리 땅과 민족을 빼앗아 가리라 하니 - 요 11:47-48

23

2 February

이는 그 목수의 아들이 아니냐 그 모친은 마리아, 그 형제들은 야고보, 요셉, 시몬, 유다라 하지 않느냐 그 누이들은 다 우리와 함께 있지 아니하냐 그런즉 이 사람의 이 모든 것이 어디서 났느뇨 하고 예수를 배척한지라 예수께서 저희에게 말씀하시되 선지자가 자기 고향과 자기 집 외에서는 존경을 받지 않음이 없느니라 하시고 저희의 믿지 않음을 인하여 거기서 많은 능력을 행치 아니하시니라

- 마 13:55-58

8

11 November

돌을 옮겨 놓으니 예수께서 눈을 들어 우러러 보시고 가라사대 아버지여 내 말을 들으신 것을 감사하나이다 항상 내 말을 들으시는 줄을 내가 알았나이다 그러나 이 말씀 하옵는 것은 둘러선 무리를 위함이니 곧 아버지께서 나를 보내신 것을 저희로 믿게 하려 함이니이다 이 말씀을 하시고 큰 소리로 나사로야 나오라 부르시니 죽은 자가 수족을 베로 동인 채로 나오는데 그 얼굴은 수건에 싸였더라 예수께서 가라사대 풀어 놓아 다니게 하라 하시니라

- 요 11:41-44

22

2 February

무리를 명하여 잔디 위에 앉히시고 떡 다섯 개와 물고기 두 마리를 가지사 하늘을 우러러 축사하시고 떡을 떼어 제자들에게 주시매 제자들이 무리에게 주니 다 배불리 먹고 남은 조각을 열두 바구니에 차게 거두었으며 먹은 사람은 여자와 아이 외에 오천 명이나 되었더라

- 마 14:19-21

9

11 November

예수께서 그의 우는 것과 또 함께 온 유대인들의 우는 것을 보시고 심령에 통분히 여기시고 민망히 여기사 가라사대 그를 어디 두었느냐 가로되 주여 와서 보옵소서 하니 예수께서 눈물을 흘리시더라

- 요 11:33-35

21

2 February

예수께서 즉시 제자들을 재촉하사 자기가 무리를 보내는 동안에 배를 타고 앞서 건너편으로 가게 하시고 무리를 보내신 후에 기도하러 따로 산에 올라 가시다 저물매 거기 혼자 계시더니 - 마 14:22-23

10

11 November

예수께서 가라사대 나는 부활이요 생명이니 나를 믿는 자는 죽어도 살겠고 무릇 살아서 나를 믿는 자는 영원히 죽지 아니하리니 이것을 네가 믿느냐

- 요 11:25-26

20

2 February

예수께서 즉시 일러 가라사대 안심하라 내니 두려워 말라 베드로가 대답하여 가로되 주여 만일 주시어든 나를 명하사 물 위로 오라 하소서 한대 오라 하시니 베드로가 배에서 내려 물 위로 걸어서 예수께로 가되 바람을 보고 무서워 빠져 가는지라 소리질러 가로되 주여 나를 구원하소서 하니

- 마 14:27-30

11

11 November

어떤 병든 자가 있으니 이
는 마리아와 그 형제 마
르다의 촌 베다니에 사는
나사로라 이 마리아는 향
유를 주께 붓고 머리털로
주의 발을 씻기던 자요 병
든 나사로는 그의 오라비
러라 이에 그 누이들이 예
수께 사람을 보내어 가로
되 주여 보시옵소서 사랑
하시는 자가 병들었나이
다 하니 - 요 11:1-3

19

2 February

외식하는 자들아 이사야
가 너희에게 대하여 잘 예
언하였도다 일렀으되 이
백성이 입술로는 나를 존
경하되 마음은 내게서 멀
도다 사람의 계명으로 교
훈을 삼아 가르치니 나를
헛되이 경배하는도다 하
였느니라 하시고

- 마 15:7-9

12

11 November

예수께서 성전 안 솔로몬 행각에서 다니시니 유대인들이 에워싸고 가로되 당신이 언제까지나 우리 마음을 의혹케 하려나이까 그리스도여든 밝히 말하시오 하니 예수께서 대답하시되 내가 너희에게 말하였으되 믿지 아니하는도다 내가 내 아버지의 이름으로 행하는 일들이 나를 증거하는 것이어늘 너희가 내 양이 아니므로 믿지 아니하는도다 내 양은 내 음성을 들으며 나는 저희를 알며 저희는 나를 따르느니라

- 요 10:23-27

18

2 February

여자가 와서 예수께 절하며 가로되 주여 저를 도우소서 대답하여 가라사대 자녀의 떡을 취하여 개들에게 던짐이 마땅치 아니하니라 여자가 가로되 주여 옳소이다마는 개들도 제 주인의 상에서 떨어지는 부스러기를 먹나이다 하니 이에 예수께서 대답하여 가라사대 여자야 네 믿음이 크도다 네 소원대로 되리라 하시니 그 시로부터 그의 딸이 나으니라

- 마 15:25-28

13

11 November

나는 선한 목자라 선한 목자는 양들을 위하여 목숨을 버리거니와 삯꾼은 목자도 아니요 양도 제 양이 아니라 이리가 오는 것을 보면 양을 버리고 달아나나니 이리가 양을 늑탈하고 또 헤치느니라

- 요 10:11-12

17

2 February

예수께서 가라사대 너희 에게 떡이 몇 개나 있느냐 가로되 일곱 개와 작은 생선 두어 마리가 있나이다 하거늘 예수께서 무리를 명하사 땅에 앉게 하시고

- 마 15:34-35

14

11 November

내가 진실로 진실로 너희에게 이르노니 양의 우리에 문으로 들어가지 아니하고 다른 데로 넘어가는 자는 절도며 강도요 문으로 들어가는 이가 양의 목자라 문지기는 그를 위하여 문을 열고 양은 그의 음성을 듣나니 그가 자기 양의 이름을 각각 불러 인도하여 내느니라

- 요 10:1-3

16

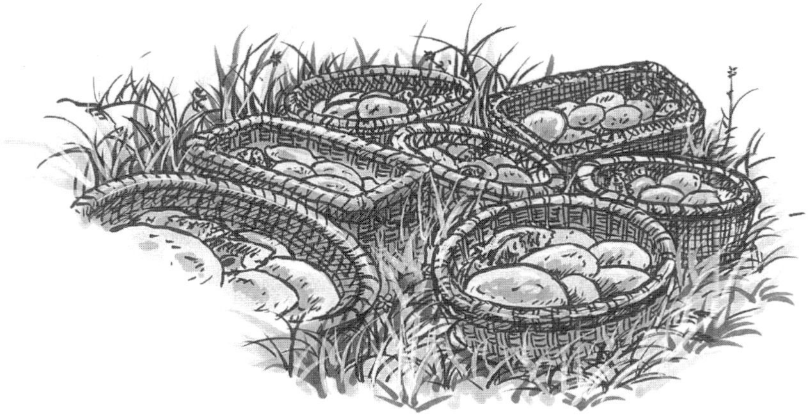

2 February

떡 일곱 개와 그 생선을 가지사 축사하시고 떼어 제자들에게 주시니 제자들이 무리에게 주매 다 배불리 먹고 남은 조각을 일곱 광주리에 차게 거두었으며 먹은 자는 여자와 아이 외에 사천 명이었더라

- 마 15:36-38

15

11 November

저희가 가로되 그 사람이 네게 무엇을 하였느냐 어떻게 네 눈을 뜨게 하였느냐 대답하되 내가 이미 일렀어도 듣지 아니하고 어찌하여 다시 듣고자 하나이까 당신들도 그 제자가 되려 하나이까

- 요 9:26-27

15

2 February

예수께서 대답하여 가라사대 너희가 저녁에 하늘이 붉으면 날이 좋겠다 하고 아침에 하늘이 붉고 흐리면 오늘은 날이 궂겠다 하나니 너희가 천기는 분별할 줄 알면서 시대의 표적은 분별할 수 없느냐

- 마 16:2-3

16

11 November

내가 세상에 있는 동안에는 세상의 빛이로라 이 말씀을 하시고 땅에 침을 뱉아 진흙을 이겨 그의 눈에 바르시고 이르시되 실로암 못에 가서 씻으라 하시니 (실로암은 번역하면 보냄을 받았다는 뜻이라) 이에 가서 씻고 밝은 눈으로 왔더라 - 요 9:5-7

14

2 February

가라사대 너희는 나를 누
구라 하느냐 시몬 베드로
가 대답하여 가로되 주는
그리스도시요 살아계신
하나님의 아들이시니이다
예수께서 대답하여 가라
사대 바요나 시몬아 네가
복이 있도다 이를 네게 알
게 한 이는 혈육이 아니요
하늘에 계신 내 아버지시
니라 - 마 16:15-17

17

11 November

너희 조상 아브라함은 나의 때 볼 것을 즐거워하다가 보고 기뻐하였느니라 유대인들이 가로되 네가 아직 오십도 못 되었는데 아브라함을 보았느냐 예수께서 가라사대 진실로 진실로 너희에게 이르노니 아브라함이 나기 전부터 내가 있느니라 하시니

- 요 8:56-58

13

2 February

이에 제자들을 경계하사 자기가 그리스도인 것을 아무에게도 이르지 말라 하시니라 이때로부터 예수 그리스도께서 자기가 예루살렘에 올라가 장로들과 대제사장들과 서기관들에게 많은 고난을 받고 죽임을 당하고 제삼일에 살아나야 할 것을 제자들에게 비로소 가르치시니 - 마 16:20-21

18

11 November

다시 몸을 굽히사 손가락으로 땅에 쓰시니 저희가 이 말씀을 듣고 양심의 가책을 받아 어른으로 시작하여 젊은이까지 하나씩 하나씩 나가고 오직 예수와 그 가운데 섰는 여자만 남았더라 - 요 8:8-9

12

2 February

엿새 후에 예수께서 베드로와 야고보와 그 형제 요한을 데리시고 따로 높은 산에 올라가셨더니 저희 앞에서 변형되사 그 얼굴이 해 같이 빛나며 옷이 빛과 같이 희어졌더라 때에 모세와 엘리야가 예수로 더불어 말씀하는 것이 저희에게 보이거늘

- 마 17:1-3

19

11 November

이 말씀을 들은 무리 중에서 혹은 이가 참으로 그 선지자라 하며 혹은 그리스도라 하며 어떤 이들은 그리스도가 어찌 갈릴리에서 나오겠느냐 성경에 이르기를 그리스도는 다윗의 씨로 또 다윗의 살던 촌 베들레헴에서 나오리라 하지 아니하였느냐 하며 예수를 인하여 무리 중에서 쟁론이 되니

- 요 7:40-43

2 February

갈릴리에 모일 때에 예수께서 제자들에게 이르시되 인자가 장차 사람들의 손에 넘기워 죽임을 당하고 제삼일에 살아나리라 하시니 제자들이 심히 근심하더라 - 마 17:22-23

11 November

명절 끝날 곧 큰날에 예수께서 서서 외쳐 가라사대 누구든지 목마르거든 내게로 와서 마시라 나를 믿는 자는 성경에 이름과 같이 그 배에서 생수의 강이 흘러나리라 하시니

- 요 7:37-38

10

2 February

그러나 우리가 저희로 오해케 하지 않기 위하여 네가 바다에 가서 낚시를 던져 먼저 오르는 고기를 가져 입을 열면 돈 한 세겔을 얻을 것이니 가져다가 나와 너를 위하여 주라 하시니라 - 마 17:27

21

11 November

예수께서 대답하여 가라사대 내 교훈은 내 것이 아니요 나를 보내신 이의 것이니라 사람이 하나님의 뜻을 행하려 하면 이 교훈이 하나님께로서 왔는지 내가 스스로 말함인지 알리라 스스로 말하는 자는 자기 영광만 구하되 보내신 이의 영광을 구하는 자는 참되니 그 속에 불의가 없느니라

- 요 7:16-18

9

2 February

예수께서 한 어린 아이를 불러 저희 가운데 세우시고 가라사대 진실로 너희에게 이르노니 너희가 돌이켜 어린 아이들과 같이 되지 아니하면 결단코 천국에 들어가지 못하리라 그러므로 누구든지 이 어린 아이와 같이 자기를 낮추는 그이가 천국에서 큰 자니라 - 마 18:2-4

22

11 November

예수께서 가라사대 내 때는 아직 이르지 아니하였거니와 너희 때는 늘 준비되어 있느니라 세상이 너희를 미워하지 못하되 나를 미워하나니 이는 내가 세상의 행사를 악하다 증거함이라 너희는 명절에 올라가라 나는 내 때가 아직 차지 못하였으니 이 명절에 아직 올라가지 아니하노라 이 말씀을 하시고 갈릴리에 머물러 계시니라 - 요 7:6-9

8

2 February

너희 생각에는 어떻겠느
뇨 만일 어떤 사람이 양
일백 마리가 있는데 그중
에 하나가 길을 잃었으면
그 아흔아홉 마리를 산에
두고 가서 길 잃은 양을
찾지 않겠느냐 진실로 너
희에게 이르노니 만일 찾
으면 길을 잃지 아니한 아
흔아홉 마리보다 이것을
더 기뻐하리라 이와 같이
이 소자 중에 하나라도 잃
어지는 것은 하늘에 계신
너희 아버지의 뜻이 아니
니라 - 마 18:12-14

23

11 November

살아계신 아버지께서 나를 보내시매 내가 아버지로 인하여 사는 것 같이 나를 먹는 그 사람도 나로 인하여 살리라 이것은 하늘로서 내려온 떡이니 조상들이 먹고도 죽은 그것과 같지 아니하여 이 떡을 먹는 자는 영원히 살리라 이 말씀은 예수께서 가버나움 회당에서 가르치실 때에 하셨느니라

- 요 6:57-59

7

2 February

그때에 베드로가 나아와 가로되 주여 형제가 내게 죄를 범하면 몇 번이나 용서하여 주리이까 일곱 번까지 하오리이까 예수께서 가라사대 네게 이르노니 일곱 번뿐 아니라 일흔 번씩 일곱 번이라도 할찌니라

- 마 18:21-22

24

11 November

내가 곧 생명의 떡이로라 너희 조상들은 광야에서 만나를 먹었어도 죽었거니와 이는 하늘로서 내려오는 떡이니 사람으로 하여금 먹고 죽지 아니하게 하는 것이니라 나는 하늘로서 내려온 산 떡이니 사람이 이 떡을 먹으면 영생하리라 나의 줄 떡은 곧 세상의 생명을 위한 내 살이로라 하시니라

- 요 6:48-51

6

2 February

바리새인들이 예수께 나아와 그를 시험하여 가로되 사람이 아무 연고를 물론하고 그 아내를 내어버리는 것이 옳으니이까 예수께서 대답하여 가라사대 사람을 지으신 이가 본래 저희를 남자와 여자로 만드시고 말씀하시기를 이러므로 사람이 그 부모를 떠나서 아내에게 합하여 그 둘이 한 몸이 될찌니라 하신 것을 읽지 못하였느냐 이러한즉 이제 둘이 아니요 한 몸이니 그러므로 하나님이 짝지어 주신 것을 사람이 나누지 못할찌니라 하시니

- 마 19:3-6

25

11 November

예수께서 이르시되 내가 진실로 진실로 너희에게 이르노니 하늘에서 내린 떡은 모세가 준 것이 아니라 오직 내 아버지가 하늘에서 내린 참 떡을 너희에게 주시나니 하나님의 떡은 하늘에서 내려 세상에게 생명을 주는 것이니라

- 요 6:32-33

5

2 February

그 청년이 재물이 많으므로 이 말씀을 듣고 근심하며 가니라 예수께서 제자들에게 이르시되 내가 진실로 너희에게 이르노니 부자는 천국에 들어가기가 어려우니라 다시 너희에게 말하노니 약대가 바늘귀로 들어가는 것이 부자가 하나님의 나라에 들어가는 것보다 쉬우니라 하신대 - 마 19:22-24

26

11 November

배를 타고 바다를 건너 가버나움으로 가는데 이미 어두웠고 예수는 아직 저희에게 오시지 아니하셨더니 큰 바람이 불어 파도가 일어나더라 제자들이 노를 저어 십여리쯤 가다가 예수께서 바다 위로 걸어 배에 가까이 오심을 보고 두려워하거늘 가라사대 내니 두려워 말라 하신대 - 요 6:17-20

4

2 February

예수께서 예루살렘으로 올라가려 하실 때에 열두 제자를 따로 데리시고 길에서 이르시되 보라 우리가 예루살렘으로 올라가노니 인자가 대제사장들과 서기관들에게 넘기우매 저희가 죽이기로 결안하고 이방인들에게 넘겨주어 그를 능욕하며 채찍질하며 십자가에 못 박게 하리니 제삼일에 살아나리라 - 마 20:17-19

27

11 November

예수께서 떡을 가져 축사
하신 후에 앉은 자들에게
나눠 주시고 고기도 그렇
게 저희의 원대로 주시다
저희가 배부른 후에 예수
께서 제자들에게 이르시
되 남은 조각을 거두고 버
리는 것이 없게 하라 하시
므로 이에 거두니 보리떡
다섯 개로 먹고 남은 조각
이 열두 바구니에 찼더라

- 요 6:11-13

3

2 February

예수께서 가라사대 무엇을 원하느뇨 가로되 이 나의 두 아들을 주의 나라에서 하나는 주의 우편에, 하나는 주의 좌편에 앉게 명하소서 예수께서 대답하여 가라사대 너희 구하는 것을 너희가 알지 못하는도다 나의 마시려는 잔을 너희가 마실 수 있느냐 저희가 말하되 할 수 있나이다 가라사대 너희가 과연 내 잔을 마시려니와 내 좌우편에 앉는 것은 나의 줄 것이 아니라 내 아버지께서 누구를 위하여 예비하셨든지 그들이 얻을 것이니라

- 마 20:21-23

28

11 November

여기 한 아이가 있어 보리 떡 다섯 개와 물고기 두 마리를 가졌나이다 그러나 그것이 이 많은 사람에게 얼마나 되겠삽나이까 예수께서 가라사대 이 사람들로 앉게 하라 하신대 그곳에 잔디가 많은지라 사람들이 앉으니 수효가 오천쯤 되더라

- 요 6:9-10

2

3 March

저희가 예루살렘에 가까이 와서 감람산 벳바게에 이르렀을 때에 예수께서 두 제자를 보내시며 이르시되 너희 맞은편 마을로 가라 곧 매인 나귀와 나귀 새끼가 함께 있는 것을 보리니 풀어 내게로 끌고 오너라 만일 누가 무슨 말을 하거든 주가 쓰시겠다 하라 그리하면 즉시 보내리라 하시니 - 마 21:1-3

1

11 November

요한은 켜서 비취는 등불이라 너희가 일시 그 빛에 즐거이 있기를 원하였거니와 - 요 5:35

1

3 March

나귀와 나귀 새끼를 끌고 와서 자기들의 겉옷을 그 위에 얹으매 예수께서 그 위에 타시니 무리의 대부분은 그 겉옷을 길에 펴며 다른 이는 나무 가지를 베어 길에 펴고 앞에서 가고 뒤에서 따르는 무리가 소리질러 가로되 호산나 다윗의 자손이여 찬송하리로다 주의 이름으로 오시는 이여 가장 높은 곳에서 호산나 하더라 - 마 21:7-9

10 October

내가 진실로 진실로 너희에게 이르노니 내 말을 듣고 또 나 보내신 이를 믿는 자는 영생을 얻었고 심판에 이르지 아니하나니 사망에서 생명으로 옮겼느니라 진실로 진실로 너희에게 이르노니 죽은 자들이 하나님의 아들의 음성을 들을 때가 오나니 곧 이때라 듣는 자는 살아나리라 - 요 5:24-25

31

3 March

예수께서 성전에 들어가
사 성전 안에서 매매하는
모든 자를 내어쫓으시며
돈 바꾸는 자들의 상과 비
둘기 파는 자들의 의자를
둘러 엎으시고 저희에게
이르시되 기록된바 내 집
은 기도하는 집이라 일컬
음을 받으리라 하였거늘
너희는 강도의 굴혈을 만
드는도다 하시니라

- 마 21:12-13

3

10 October

거기 삼십팔 년 된 병자가 있더라 예수께서 그 누운 것을 보시고 병이 벌써 오랜 줄 아시고 이르시되 네가 낫고자 하느냐 병자가 대답하되 주여 물이 동할 때에 나를 못에 넣어 줄 사람이 없어 내가 가는 동안에 다른 사람이 먼저 내려가나이다 예수께서 가라사대 일어나 네 자리를 들고 걸어가라 하시니 그 사람이 곧 나아서 자리를 들고 걸어가니라 이날은 안식일이니 - 요 5:5-9

30

3 March

그러므로 내가 너희에게 이르노니 하나님의 나라를 너희는 빼앗기고 그 나라의 열매 맺는 백성이 받으리라 이 돌 위에 떨어지는 자는 깨어지겠고 이 돌이 사람 위에 떨어지면 저를 가루로 만들어 흩으리라 하시니 대제사장들과 바리새인들이 예수의 비유를 듣고 자기들을 가리켜 말씀하심인 줄 알고 잡고자 하나 무리를 무서워하니 이는 저희가 예수를 선지자로 앎이었더라

- 마 21:43-46

4

10 October

예수께서 가라사대 가라 네 아들이 살았다 하신대 그 사람이 예수의 하신 말씀을 믿고 가더니 내려가는 길에서 그 종들이 오다가 만나서 아이가 살았다 하거늘 그 낫기 시작한 때를 물은즉 어제 제칠시에 열기가 떨어졌나이다 하는지라 아비가 예수께서 네 아들이 살았다 말씀하신 그때인 줄 알고 자기와 그 온 집이 다 믿으니라

- 요 4:50-53

29

3 March

예수께서 저희의 악함을 아시고 가라사대 외식하는 자들아 어찌하여 나를 시험하느냐 셋돈을 내게 보이라 하시니 데나리온 하나를 가져왔거늘 예수께서 말씀하시되 이 형상과 이 글이 뉘 것이냐 가로되 가이사의 것이니이다 이에 가라사대 그런즉 가이사의 것은 가이사에게, 하나님의 것은 하나님께 바치라 하시니

- 마 22:18-21

5

10 October

여자가 물동이를 버려두고 동네에 들어가서 사람들에게 이르되 나의 행한 모든 일을 내게 말한 사람을 와 보라 이는 그리스도가 아니냐 하니 저희가 동네에서 나와 예수께로 오더라 - 요 4:28-30

28

3 March

너희는 그리스도에 대하여 어떻게 생각하느냐 누구의 자손이냐 대답하되 다윗의 자손이니이다 가라사대 그러면 다윗이 성령에 감동하여 어찌 그리스도를 주라 칭하여 말하되 주께서 내 주께 이르시되 내가 네 원수를 네 발 아래 둘 때까지 내 우편에 앉았으라 하셨도다 하였느냐 다윗이 그리스도를 주라 칭하였은즉 어찌 그의 자손이 되겠느냐 하시니

- 마 22:42-45

10 October

아버지께 참으로 예배하는 자들은 신령과 진정으로 예배할 때가 오나니 곧 이때라 아버지께서는 이렇게 자기에게 예배하는 자들을 찾으시느니라 하나님은 영이시니 예배하는 자가 신령과 진정으로 예배할찌니라

- 요 4:23-24

27

3 March

땅에 있는 자를 아비라 하지 말라 너희 아버지는 하나이시니 곧 하늘에 계신 자시니라 또한 지도자라 칭함을 받지 말라 너희 지도자는 하나이니 곧 그리스도니라 너희 중에 큰 자는 너희를 섬기는 자가 되어야 하리라 누구든지 자기를 높이는 자는 낮아지고 누구든지 자기를 낮추는 자는 높아지리라

- 마 23:9-12

7

10 October

예수께서 대답하여 가라사대 이 물을 먹는 자마다 다시 목마르려니와 내가 주는 물을 먹는 자는 영원히 목마르지 아니하리니 나의 주는 물은 그 속에서 영생하도록 솟아나는 샘물이 되리라 여자가 가로되 주여 이런 물을 내게 주사 목마르지도 않고 또 여기 물 길러 오지도 않게 하옵소서

- 요 4:13-15

26

3 March

예루살렘아 예루살렘아 선지자들을 죽이고 네게 파송된 자들을 돌로 치는 자여 암탉이 그 새끼를 날개 아래 모음 같이 내가 네 자녀를 모으려 한 일이 몇 번이냐 그러나 너희가 원치 아니하였도다

- 마 23:37

8

10 October

요한도 살렘 가까운 애논에서 세례를 주니 거기 물들이 많음이라 사람들이 와서 세례를 받더라

- 요 3:23

25

3 March

예수께서 대답하여 가라사대 너희가 사람의 미혹을 받지 않도록 주의하라 많은 사람이 내 이름으로 와서 이르되 나는 그리스도라 하여 많은 사람을 미혹케 하리라 난리와 난리 소문을 듣겠으나 너희는 삼가 두려워 말라 이런 일이 있어야 하되 끝은 아직 아니니라 민족이 민족을, 나라가 나라를 대적하여 일어나겠고 처처에 기근과 지진이 있으리니 이 모든 것이 재난의 시작이니라

- 마 24:4-8

9

10 October

이후에 예수께서 제자들과 유대 땅으로 가서 거기 함께 유하시며 세례를 주시더라 - 요 3:22

24

3 March

보라 내가 너희에게 미리 말하였노라 그러면 사람들이 너희에게 말하되 보라 그리스도가 광야에 있다 하여도 나가지 말고 보라 골방에 있다 하여도 믿지 말라 번개가 동편에서 나서 서편까지 번쩍임 같이 인자의 임함도 그러하리라 주검이 있는 곳에는 독수리들이 모일찌니라

- 마 24:25-28

10

10 October

하나님이 세상을 이처럼 사랑하사 독생자를 주셨으니 이는 저를 믿는 자마다 멸망치 않고 영생을 얻게 하려 하심이니라 하나님이 그 아들을 세상에 보내신 것은 세상을 심판하려 하심이 아니요 저로 말미암아 세상이 구원을 받게 하려 하심이라

- 요 3:16-17

23

3 March

그날 환난 후에 즉시 해가
어두워지며 달이 빛을 내
지 아니하며 별들이 하늘
에서 떨어지며 하늘의 권
능들이 흔들리리라 그때
에 인자의 징조가 하늘에
서 보이겠고 그때에 땅의
모든 족속들이 통곡하며
그들이 인자가 구름을 타
고 능력과 큰 영광으로 오
는 것을 보리라

- 마 24:29-30

11

10 October

하늘에서 내려온 자 곧 인자 외에는 하늘에 올라간 자가 없느니라 모세가 광야에서 뱀을 든 것 같이 인자도 들려야 하리니 이는 저를 믿는 자마다 영생을 얻게 하려 하심이니라

- 요 3:13-15

22

3 March

무화과나무의 비유를 배우라 그 가지가 연하여지고 잎사귀를 내면 여름이 가까운 줄을 아나니 이와 같이 너희도 이 모든 일을 보거든 인자가 가까이 곧 문앞에 이른 줄 알라 내가 진실로 너희에게 말하노니 이 세대가 지나가기 전에 이 일이 다 이루리라 천지는 없어지겠으나 내 말은 없어지지 아니하리라

- 마 24:32-35

12

10 October

유대인의 유월절이 가까
운지라 예수께서 예루살
렘으로 올라가셨더니 성
전 안에서 소와 양과 비둘
기 파는 사람들과 돈 바
꾸는 사람들의 앉은 것을
보시고 노끈으로 채찍을
만드사 양이나 소를 다
성전에서 내어 쫓으시고
돈 바꾸는 사람들의 돈을
쏟으시며 상을 엎으시고
비둘기 파는 사람들에게
이르시되 이것을 여기서
가져가라 내 아버지의 집
으로 장사하는 집을 만들
지 말라 하시니

- 요 2:13-16

21

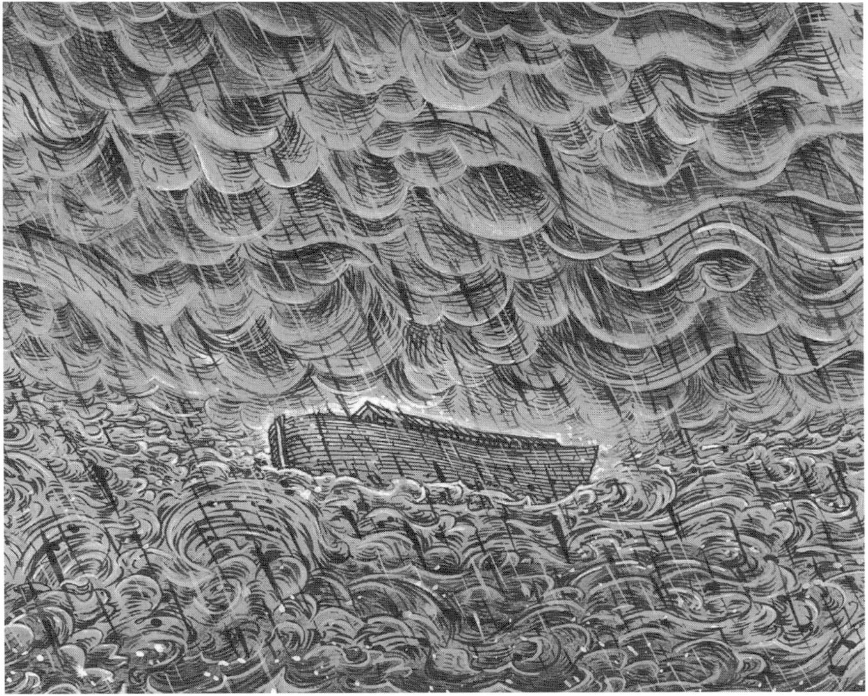

3 March

그러나 그날과 그때는 아무도 모르나니 하늘의 천사들도, 아들도 모르고 오직 아버지만 아시느니라 노아의 때와 같이 인자의 임함도 그러하리라

- 마 24:36-37

13

10 October

예수께서 저희에게 이르시되 항아리에 물을 채우라 하신즉 아구까지 채우니 이제는 떠서 연회장에게 갖다 주라 하시매 갖다 주었더니 연회장은 물로 된 포도주를 맛보고 어디서 났는지 알지 못하되 물 떠온 하인들은 알더라

- 요 2:7-9

20

3 March

그때에 천국은 마치 등을 들고 신랑을 맞으러 나간 열 처녀와 같다 하리니 그 중에 다섯은 미련하고 다섯은 슬기 있는지라

- 마 25:1-2

14

10 October

예수께서 나다나엘이 자기에게 오는 것을 보시고 그를 가리켜 가라사대 보라 이는 참 이스라엘 사람이라 그 속에 간사한 것이 없도다 나다나엘이 가로되 어떻게 나를 아시나이까 예수께서 대답하여 가라사대 빌립이 너를 부르기 전에 네가 무화과 나무 아래 있을 때에 보았노라

- 요 1:47-48

19

3 March

미련한 자들은 등을 가지되 기름을 가지지 아니하고 슬기 있는 자들은 그릇에 기름을 담아 등과 함께 가져갔더니 - 마 25:3-4

15

10 October

요한이 또 증거하여 가로되 내가 보매 성령이 비둘기 같이 하늘로서 내려와서 그의 위에 머물렀더라 나도 그를 알지 못하였으나 나를 보내어 물로 세례를 주라 하신 그이가 나에게 말씀하시되 성령이 내려서 누구 위에든지 머무는 것을 보거든 그가 곧 성령으로 세례를 주는 이인 줄 알라 하셨기에 내가 보고 그가 하나님의 아들이심을 증거하였노라 하니라

- 요 1:32-34

18

3 March

그에게서 그 한 달란트를 빼앗아 열 달란트 가진 자에게 주어라 무릇 있는 자는 받아 풍족하게 되고 없는 자는 그 있는 것까지 빼앗기리라 이 무익한 종을 바깥 어두운 데로 내어쫓으라 거기서 슬피 울며 이를 갊이 있으리라 하니라 - 마 25:28-30

16

10 October

유대인들이 예루살렘에서 제사장들과 레위인들을 요한에게 보내어 네가 누구냐 물을 때에 요한의 증거가 이러하니라 요한이 드러내어 말하고 숨기지 아니하니 드러내어 하는 말이 나는 그리스도가 아니라 한대 - 요 1:19-20

17

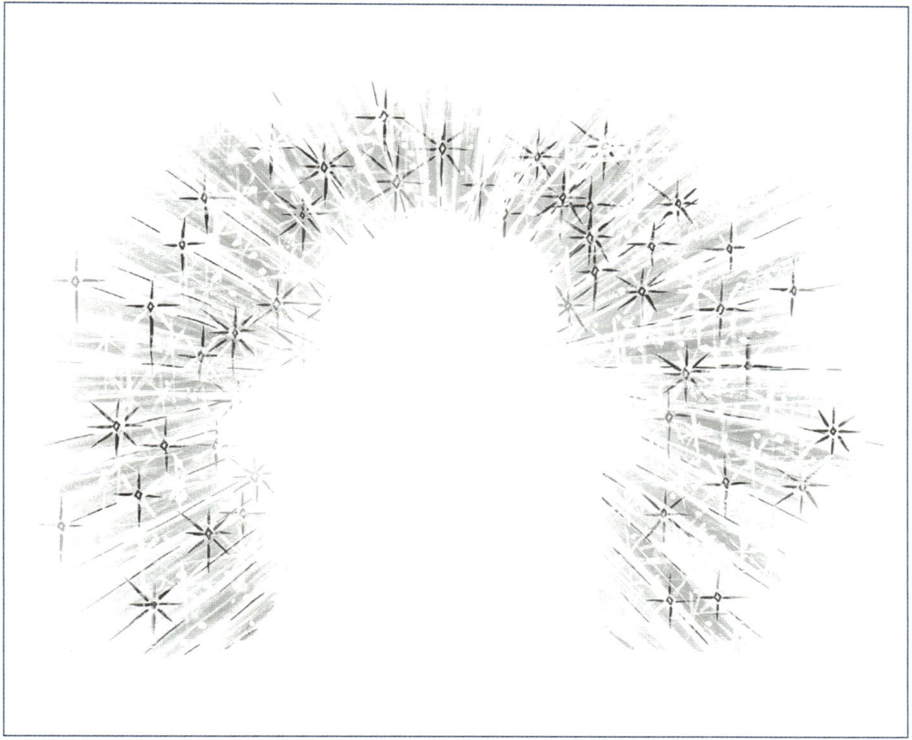

3 March

인자가 자기 영광으로 모든 천사와 함께 올 때에 자기 영광의 보좌에 앉으리니 모든 민족을 그 앞에 모으고 각각 분별하기를 목자가 양과 염소를 분별하는 것 같이 하여 양은 그 오른편에, 염소는 왼편에 두리라 - 마 25:31-33

17

10 October

하나님께로서 보내심을 받은 사람이 났으니 이름은 요한이라 저가 증거하러 왔으니 곧 빛에 대하여 증거하고 모든 사람으로 자기를 인하여 믿게 하려 함이라 그는 이 빛이 아니요 이 빛에 대하여 증거하러 온 자라 - 요 1:6-8

16

3 March

예수께서 이 말씀을 다 마치시고 제자들에게 이르시되 너희의 아는 바와 같이 이틀을 지나면 유월절이라 인자가 십자가에 못 박히기 위하여 팔리우리라 하시더라 그때에 대제사장들과 백성의 장로들이 가야바라 하는 대제사장의 아문에 모여 예수를 궤계로 잡아 죽이려고 의논하되 말하기를 민요가 날까 하노니 명절에는 말자 하더라 - 마 26:1-5

18

10 October

그 안에 생명이 있었으니 이 생명은 사람들의 빛이라 빛이 어두움에 비취되 어두움이 깨닫지 못하더라 - 요 1:4-5

15

3 March

한 여자가 매우 귀한 향유
한 옥합을 가지고 나아와
서 식사하시는 예수의 머
리에 부으니 제자들이 보
고 분하여 가로되 무슨 의
사로 이것을 허비하느뇨
이것을 많은 값에 팔아 가
난한 자들에게 줄 수 있었
겠도다 하거늘 예수께서
아시고 저희에게 이르시되
너희가 어찌하여 이 여자
를 괴롭게 하느냐 저가 내
게 좋은 일을 하였느니라

- 마 26:7-10

19

10 October

태초에 말씀이 계시니라 이 말씀이 하나님과 함께 계셨으니 이 말씀은 곧 하나님이시니라 그가 태초에 하나님과 함께 계셨고 만물이 그로 말미암아 지은바 되었으니 지은 것이 하나도 그가 없이는 된 것이 없느니라

- 요 1:1-3

14

3 March

그때에 열둘 중에 하나인 가룟 유다라 하는 자가 대제사장들에게 가서 말하되 내가 예수를 너희에게 넘겨주리니 얼마나 주려느냐 하니 그들이 은 삼십을 달아 주거늘 저가 그때부터 예수를 넘겨줄 기회를 찾더라 - 마 26:14-16

20

10 October

볼찌어다 내가 내 아버지의 약속하신 것을 너희에게 보내리니 너희는 위로부터 능력을 입히울 때까지 이 성에 유하라 하시니라 예수께서 저희를 데리고 베다니 앞까지 나가사 손을 들어 저희에게 축복하시더니 축복하실 때에 저희를 떠나 하늘로 올리우시니 - 눅 24:49-51

13

3 March

저희가 먹을 때에 이르시되 내가 진실로 너희에게 이르노니 너희 중에 한 사람이 나를 팔리라 하시니 저희가 심히 근심하여 각각 여짜오되 주여 내니이까 대답하여 가라사대 나와 함께 그릇에 손을 넣는 그가 나를 팔리라 인자는 자기에게 대하여 기록된 대로 가거니와 인자를 파는 그 사람에게는 화가 있으리로다 그 사람은 차라리 나지 아니하였더면 제게 좋을 뻔하였느니라 예수를 파는 유다가 대답하여 가로되 랍비여 내니이까 대답하시되 네가 말하였도다 하시니라

- 마 26:21-25

21

10 October

이 말을 할 때에 예수께서 친히 그 가운데 서서 가라사대 너희에게 평강이 있을찌어다 하시니 저희가 놀라고 무서워하여 그 보는 것을 영으로 생각하는지라 예수께서 가라사대 어찌하여 두려워하며 어찌하여 마음에 의심이 일어나느냐 내 손과 발을 보고 나인 줄 알라 또 나를 만져보라 영은 살과 뼈가 없으되 너희 보는 바와 같이 나는 있느니라 이 말씀을 하시고 손과 발을 보이시나

- 눅 24:36-40

12

3 March

저희가 먹을 때에 예수께서 떡을 가지사 축복하시고 떼어 제자들을 주시며 가라사대 받아 먹으라 이것이 내 몸이니라 하시고 또 잔을 가지사 사례하시고 저희에게 주시며 가라사대 너희가 다 이것을 마시라 이것은 죄 사함을 얻게 하려고 많은 사람을 위하여 흘리는바 나의 피 곧 언약의 피니라

- 마 26:26-28

22

10 October

저희와 함께 음식 잡수실 때에 떡을 가지사 축사하시고 떼어 저희에게 주시매 저희 눈이 밝아져 그인줄 알아 보더니 예수는 저희에게 보이지 아니하시는지라 - 눅 24:30-31

11

3 March

이에 말씀하시되 내 마음이 심히 고민하여 죽게 되었으니 너희는 여기 머물러 나와 함께 깨어 있으라 하시고 조금 나아가사 얼굴을 땅에 대시고 엎드려 기도하여 가라사대 내 아버지여 만일 할 만하시거든 이 잔을 내게서 지나가게 하옵소서 그러나 나의 원대로 마옵시고 아버지의 원대로 하옵소서 하시고 - 마 26:38-39

23

10 October

베드로는 일어나 무덤에 달려가서 구푸려 들여다 보니 세마포만 보이는지라 그 된 일을 기이히 여기며 집으로 돌아가니라

- 눅 24:12

10

3 March

말씀하실 때에 열둘 중에 하나인 유다가 왔는데 대제사장들과 백성의 장로들에게서 파송된 큰 무리가 검과 몽치를 가지고 그와 함께 하였더라 예수를 파는 자가 그들에게 군호를 짜 가로되 내가 입맞추는 자가 그이니 그를 잡으라 하였는지라

- 마 26:47-48

24

10 October

여자들이 두려워 얼굴을 땅에 대니 두 사람이 이르되 어찌하여 산 자를 죽은 자 가운데서 찾느냐 여기 계시지 않고 살아나셨느니라 갈릴리에 계실 때에 너희에게 어떻게 말씀하신 것을 기억하라 이르시기를 인자가 죄인의 손에 넘기워 십자가에 못 박히고 제삼일에 다시 살아나야 하리라 하셨느니라 한대 - 눅 24:5-7

9

3 March

예수를 잡은 자들이 끌고 대제사장 가야바에게로 가니 거기 서기관과 장로들이 모여 있더라 베드로가 멀찍이 예수를 좇아 대제사장의 집 뜰에까지 가서 그 결국을 보려고 안에 들어가 하속들과 함께 앉았더라 - 마 26:57-58

25

10 October

공회 의원으로 선하고 의로운 요셉이라 하는 사람이 있으니 (저희의 결의와 행사에 가타 하지 아니한 자라) 그는 유대인의 동네 아리마대 사람이요 하나님의 나라를 기다리는 자러니 빌라도에게 가서 예수의 시체를 달라 하여 이를 내려 세마포로 싸고 아직 사람을 장사한 일이 없는 바위에 판 무덤에 넣어 두니 - 눅 23:50-53

8

3 March

조금 후에 곁에 섰던 사람들이 나아와 베드로에게 이르되 너도 진실로 그 당이라 네 말소리가 너를 표명한다 하거늘 저가 저주하며 맹세하여 가로되 내가 그 사람을 알지 못하노라 하니 닭이 곧 울더라 이에 베드로가 예수의 말씀에 닭 울기 전에 네가 세 번 나를 부인하리라 하심이 생각나서 밖에 나가서 심히 통곡하니라

- 마 26:73-75

26

10 October

예수께서 큰 소리로 불러 가라사대 아버지여 내 영혼을 아버지 손에 부탁하나이다 하고 이 말씀을 하신 후 운명하시다 백부장이 그 된 일을 보고 하나님께 영광을 돌려 가로되 이 사람은 정녕 의인이었도다 하고 - 눅 23:46-47

7

3 March

새벽에 모든 대제사장과
백성의 장로들이 예수를
죽이려고 함께 의논하고
결박하여 끌고 가서 총독
빌라도에게 넘겨주니라

- 마 27:1-2

27

10 October

이에 예수께서 가라사대 아버지여 저희를 사하여 주옵소서 자기의 하는 것을 알지 못함이니이다 하시더라 저희가 그의 옷을 나눠 제비 뽑을째 백성은 서서 구경하며 관원들도 비웃어 가로되 저가 남을 구원하였으니 만일 하나님의 택하신 자 그리스도여든 자기도 구원할찌어다 하고 - 눅 23:34-35

6

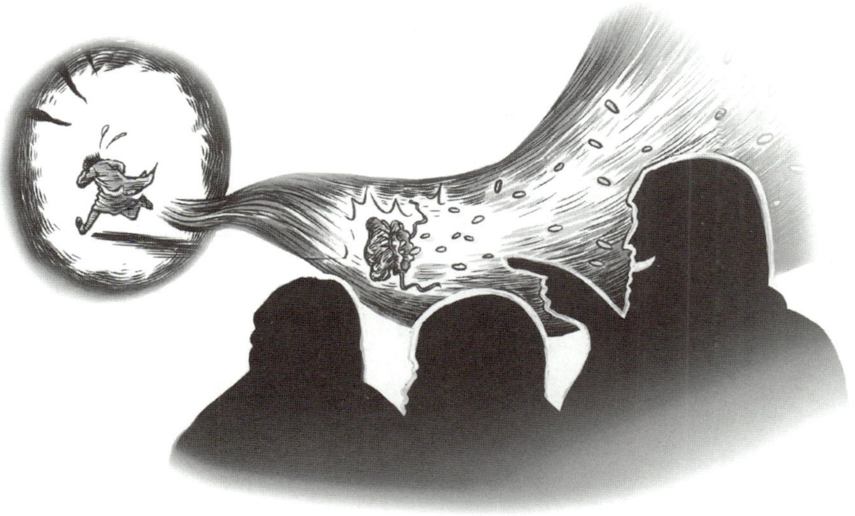

3 March

때에 예수를 판 유다가 그의 정죄됨을 보고 스스로 뉘우쳐 그 은 삼십을 대제사장들과 장로들에게 도로 갖다 주며 가로되 내가 무죄한 피를 팔고 죄를 범하였도다 하니 저희가 가로되 그것이 우리에게 무슨 상관이 있느냐 네가 당하라 하거늘

- 마 27:3-4

28

10 October

해골이라 하는 곳에 이르러 거기서 예수를 십자가에 못 박고 두 행악자도 그렇게 하니 하나는 우편에, 하나는 좌편에 있더라

- 눅 23:33

5

3 March

명절을 당하면 총독이 무리의 소원대로 죄수 하나를 놓아 주는 전례가 있더니 그때에 바라바라 하는 유명한 죄수가 있는데 저희가 모였을 때에 빌라도가 물어 가로되 너희는 내가 누구를 너희에게 놓아 주기를 원하느냐 바라바냐 그리스도라 하는 예수냐 하니 이는 저가 그들의 시기로 예수를 넘겨준 줄 앎이러라 - 마 27:15-18

29

10 October

예수께서 돌이켜 그들을 향하여 가라사대 예루살렘의 딸들아 나를 위하여 울지 말고 너희와 너희 자녀를 위하여 울라 보라 날이 이르면 사람이 말하기를 수태 못하는 이와 해산하지 못한 배와 먹이지 못한 젖이 복이 있다 하리라 - 눅 23:28-29

4

3 March

빌라도가 아무 효험도 없이 도리어 민란이 나려는 것을 보고 물을 가져다가 무리 앞에서 손을 씻으며 가로되 이 사람의 피에 대하여 나는 무죄하니 너희가 당하라 백성이 다 대답하여 가로되 그 피를 우리와 우리 자손에게 돌릴찌어다 하거늘 이에 바라바는 저희에게 놓아주고 예수는 채찍질하고 십자가에 못 박히게 넘겨주니라 - 마 27:24-26

30

10 October

저희가 예수를 끌고 갈 때에 시몬이라는 구레네 사람이 시골로서 오는 것을 잡아 그에게 십자가를 지워 예수를 좇게 하더라

- 눅 23:26

3

3 March

이에 총독의 군병들이 예수를 데리고 관정 안으로 들어가서 온 군대를 그에게로 모으고 그의 옷을 벗기고 홍포를 입히며 가시면류관을 엮어 그 머리에 씌우고 갈대를 그 오른손에 들리고 그 앞에서 무릎을 꿇고 희롱하여 가로되 유대인의 왕이여 평안할찌어다 하며 그에게 침 뱉고 갈대를 빼앗아 그의 머리를 치더라 - 마 27:27-30

31

10 October

빌라도가 대제사장들과 관원들과 백성을 불러 모으고 이르되 너희가 이 사람을 백성을 미혹하는 자라 하여 내게 끌어 왔도다 보라 내가 너희 앞에서 사실하였으되 너희의 고소하는 일에 대하여 이 사람에게서 죄를 찾지 못하였고 헤롯이 또한 그렇게 하여 저를 우리에게 도로 보내었도다 보라 저의 행한 것은 죽일 일이 없느니라

- 눅 23:13-15

2

4 April

희롱을 다한 후 홍포를 벗기고 도로 그의 옷을 입혀 십자가에 못 박으려고 끌고 나가니라 - 마 27:31

1

10 October

빌라도가 예수께 물어 가로되 네가 유대인의 왕이냐 대답하여 가라사대 네 말이 옳도다 - 눅 23:3

1

4 April

나가다가 시몬이란 구레네 사람을 만나매 그를 억지로 같이 가게 하여 예수의 십자가를 지웠더라

- 마 27:32

2

9 September

날이 새매 백성의 장로들
곧 대제사장들과 서기관
들이 모이어 예수를 그 공
회로 끌어들여 가로되 네
가 그리스도여든 우리에
게 말하라 대답하시되 내
가 말할찌라도 너희가 믿
지 아니할 것이요 내가 물
어도 너희가 대답지 아니
할 것이니라 그러나 이제
후로는 인자가 하나님의
권능의 우편에 앉아 있으
리라 하시니 - 눅 22:66-69

30

4 April

골고다 즉 해골의 곳이라
는 곳에 이르러 쓸개 탄
포도주를 예수께 주어 마
시게 하려 하였더니 예수
께서 맛보시고 마시고자
아니하시더라

- 마 27:33-34

3

9 September

예수를 잡아 끌고 대제사장의 집으로 들어갈새 베드로가 멀찍이 따라가니라 - 눅 22:54

29

4 April

저희가 예수를 십자가에 못 박은 후에 그 옷을 제비 뽑아 나누고 거기 앉아 지키더라 그 머리 위에 이는 유대인의 왕 예수라 쓴 죄패를 붙였더라

- 마 27:35-37

4

9 September

말씀하실 때에 한 무리가 오는데 열둘 중에 하나인 유다라 하는 자가 그들의 앞에 서서 와서 예수께 입을 맞추려고 가까이하는지라 예수께서 이르시되 유다야 네가 입맞춤으로 인자를 파느냐 하시니

- 눅 22:47-48

28

4 April

이때에 예수와 함께 강도 둘이 십자가에 못 박히니 하나는 우편에, 하나는 좌편에 있더라 지나가는 자들은 자기 머리를 흔들며 예수를 모욕하여 가로되 성전을 헐고 사흘에 짓는 자여 네가 만일 하나님의 아들이어든 자기를 구원하고 십자가에서 내려오라 하며 - 마 27:38-40

5

9 September

저희를 떠나 돌 던질 만큼 가서 무릎을 꿇고 기도하여 가라사대 아버지여 만일 아버지의 뜻이어든 이 잔을 내게서 옮기시옵소서 그러나 내 원대로 마옵시고 아버지의 원대로 되기를 원하나이다 하시니 사자가 하늘로부터 예수께 나타나 힘을 돕더라

\- 눅 22:41-43

27

4 April

제육시로부터 온 땅에 어두움이 임하여 제구시까지 계속하더니 제구시 즈음에 예수께서 크게 소리 질러 가라사대 엘리 엘리 라마 사박다니 하시니 이는 곧 나의 하나님, 나의 하나님, 어찌하여 나를 버리셨나이까 하는 뜻이라

- 마 27:45-46

6

9 September

시몬아, 시몬아, 보라 사단이 밀 까부르듯 하려고 너희를 청구하였으나 그러나 내가 너를 위하여 네 믿음이 떨어지지 않기를 기도하였노니 너는 돌이킨 후에 네 형제를 굳게 하라 저가 말하되 주여 내가 주와 함께 옥에도, 죽는 데도 가기를 준비하였나이다 가라사대 베드로야 내가 네게 말하노니 오늘 닭 울기 전에 네가 세 번 나를 모른다고 부인하리라 하시니라

- 눅 22:31-34

26

4 April

저물었을 때에 아리마대 부자 요셉이라 하는 사람이 왔으니 그도 예수의 제자라 빌라도에게 가서 예수의 시체를 달라 하니 이에 빌라도가 내어주라 분부하거늘 요셉이 시체를 가져다가 정한 세마포로 싸서 바위 속에 판 자기 새 무덤에 넣어 두고 큰 돌을 굴려 무덤 문에 놓고 가니 거기 막달라 마리아와 다른 마리아가 무덤을 향하여 앉았더라

- 마 27:57-61

7

9 September

이에 잔을 받으사 사례하
시고 가라사대 이것을 갖
다가 너희끼리 나누라 내
가 너희에게 이르노니 내
가 이제부터 하나님의 나
라가 임할 때까지 포도나
무에서 난 것을 다시 마시
지 아니하리라 하시고

- 눅 22:17-18

25

4 April

빌라도가 가로되 너희에게 파수꾼이 있으니 가서 힘대로 굳게 하라 하거늘 저희가 파수꾼과 함께 가서 돌을 인봉하고 무덤을 굳게 하니라 - 마 27:65-66

8

9 September

이르시되 보라 너희가 성내로 들어가면 물 한 동이를 가지고 가는 사람을 만나리니 그의 들어가는 집으로 따라 들어가서 그 집 주인에게 이르되 선생님이 네게 하는 말씀이 내가 내 제자들과 함께 유월절을 먹을 객실이 어디 있느뇨 하시더라 하라 그리하면 저가 자리를 베푼 큰 다락방을 보이리니 거기서 예비하라 하신대

- 눅 22:10-12

24

4 April

천사가 여자들에게 일러 가로되 너희는 무서워 말라 십자가에 못 박히신 예수를 너희가 찾는 줄을 내가 아노라 그가 여기 계시지 않고 그의 말씀하시던 대로 살아나셨느니라 와서 그의 누우셨던 곳을 보라 - 마 28:5-6

9

9 September

열둘 중에 하나인 가룟인
이라 부르는 유다에게 사
단이 들어가니 이에 유다
가 대제사장들과 군관들
에게 가서 예수를 넘겨줄
방책을 의논하매 저희가
기뻐하여 돈을 주기로 언
약하는지라 - 눅 22:3-5

23

4 April

그 여자들이 무서움과 큰 기쁨으로 무덤을 빨리 떠나 제자들에게 알게 하려고 달음질할쌔 예수께서 저희를 만나 가라사대 평안하뇨 하시거늘 여자들이 나아가 그 발을 붙잡고 경배하니 이에 예수께서 가라사대 무서워 말라 가서 내 형제들에게 갈릴리로 가라 하라 거기서 나를 보리라 하시니라

- 마 28:8-10

10

9 September

예수께서 낮이면 성전에서 가르치시고 밤이면 나가 감람원이라 하는 산에서 쉬시니 모든 백성이 그 말씀을 들으려고 이른 아침에 성전에 나아가더라

- 눅 21:37-38

22

4 April

여자들이 갈제 파수꾼 중 몇이 성에 들어가 모든 된 일을 대제사장들에게 고하니 그들이 장로들과 함께 모여 의논하고 군병들에게 돈을 많이 주며 가로되 너희는 말하기를 그의 제자들이 밤에 와서 우리가 잘 때에 그를 도적질하여 갔다 하라 만일 이 말이 총독에게 들리면 우리가 권하여 너희로 근심되지 않게 하리라 하니 군병들이 돈을 받고 가르친 대로 하였으니 이 말이 오늘날까지 유대인 가운데 두루 퍼지니라 - 마 28:11-15

11

9 September

이에 비유로 이르시되 무화과나무와 모든 나무를 보라 싹이 나면 너희가 보고 여름이 가까운 줄을 자연히 아나니 이와 같이 너희가 이런 일이 나는 것을 보거든 하나님의 나라가 가까운 줄을 알라

- 눅 21:29-31

21

4 April

예수께서 나아와 일러 가라사대 하늘과 땅의 모든 권세를 내게 주셨으니 그러므로 너희는 가서 모든 족속으로 제자를 삼아 아버지와 아들과 성령의 이름으로 세례를 주고 내가 너희에게 분부한 모든 것을 가르쳐 지키게 하라 볼찌어다 내가 세상 끝날까지 너희와 항상 함께 있으리라 하시니라

- 마 28:18-20

12

9 September

일월 성신에는 징조가 있겠고 땅에서는 민족들이 바다와 파도의 우는 소리를 인하여 혼란한 중에 곤고하리라 사람들이 세상에 임할 일을 생각하고 무서워하므로 기절하리니 이는 하늘의 권능들이 흔들리겠음이라

\- 눅 21:25-26

20

4 April

하나님의 아들 예수 그리스도 복음의 시작이라 선지자 이사야의 글에 보라 내가 내 사자를 네 앞에 보내노니 저가 네 길을 예비하리라 광야에 외치는 자의 소리가 있어 가로되 너희는 주의 길을 예비하라 그의 첩경을 평탄케 하라 기록된 것과 같이 세례 요한이 이르러 광야에서 죄 사함을 받게 하는 회개의 세례를 전파하니

- 막 1:1-4

13

9 September

또 이르시되 민족이 민족을, 나라가 나라를 대적하여 일어나겠고 처처에 큰 지진과 기근과 온역이 있겠고 또 무서운 일과 하늘로서 큰 징조들이 있으리라 - 눅 21:10-11

19

4 April

그때에 예수께서 갈릴리 나사렛으로부터 와서 요단강에서 요한에게 세례를 받으시고 곧 물에서 올라 오실쌔 하늘이 갈라짐과 성령이 비둘기 같이 자기에게 내려오심을 보시더니 하늘로서 소리가 나기를 너는 내 사랑하는 아들이라 내가 너를 기뻐하노라 하시니라

- 막 1:9-11

14

9 September

예수께서 눈을 들어 부자들이 연보궤에 헌금 넣는 것을 보시고 또 어떤 가난한 과부의 두 렙돈 넣는 것을 보시고 가라사대 내가 참으로 너희에게 말하노니 이 가난한 과부가 모든 사람보다 많이 넣었도다 저들은 그 풍족한 중에서 헌금을 넣었거니와 이 과부는 그 구차한 중에서 자기의 있는바 생활비 전부를 넣었느니라 하시니라 - 눅 21:1-4

18

4 April

성령이 곧 예수를 광야로 몰아내신지라 광야에서 사십 일을 계셔서 사단에게 시험을 받으시며 들짐승과 함께 계시니 천사들이 수종들더라

- 막 1:12-13

15

9 September

죽은 자의 살아난다는 것은 모세도 가시나무떨기에 관한 글에 보였으되 주를 아브라함의 하나님이요 이삭의 하나님이요 야곱의 하나님이시라 칭하였나니 하나님은 죽은 자의 하나님이 아니요 산 자의 하나님이시라 하나님에게는 모든 사람이 살았느니라 하시니

- 눅 20:37-38

17

4 April

요한이 잡힌 후 예수께서 갈릴리에 오셔서 하나님의 복음을 전파하여 가라사대 때가 찼고 하나님 나라가 가까왔으니 회개하고 복음을 믿으라 하시더라 - 막 1:14-15

16

9 September

요한의 세례가 하늘로서냐 사람에게로서냐 저희가 서로 의논하여 가로되 만일 하늘로서라 하면 어찌하여 저를 믿지 아니하였느냐 할 것이요 만일 사람에게로서라 하면 백성이 요한을 선지자로 인정하니 저희가 다 우리를 돌로 칠 것이라 하고 대답하되 어디로서인지 알지 못하노라 하니 - 눅 20:4-7

16

4 April

갈릴리 해변으로 지나가시다가 시몬과 그 형제 안드레가 바다에 그물 던지는 것을 보시니 저희는 어부라 예수께서 가라사대 나를 따라오너라 내가 너희로 사람을 낚는 어부가 되게 하리라 하시니 곧 그물을 버려 두고 좇으니라 - 막 1:16-18

17

9 September

성전에 들어가사 장사하
는 자들을 내어 쫓으시며
저희에게 이르시되 기록된
바 내 집은 기도하는 집이
되리라 하였거늘 너희는
강도의 굴혈을 만들었도
다 하시니라 - 눅 19:45-46

15

4 April

저희가 가버나움에 들어 가니라 예수께서 곧 안식일에 회당에 들어가 가르치시매 뭇사람이 그의 교훈에 놀라니 이는 그 가르치시는 것이 권세 있는 자와 같고 서기관들과 같지 아니함일러라 - 막 1:21-22

18

9 September

이르시되 너희 맞은편 마을로 가라 그리로 들어가면 아직 아무 사람도 타 보지 않은 나귀 새끼의 매여 있는 것을 보리니 풀어 끌고 오너라 만일 누가 너희에게 어찌하여 푸느냐 묻거든 이렇게 말하되 주가 쓰시겠다 하라 하시매

- 눅 19:30-31

14

4 April

회당에서 나와 곧 야고보와 요한과 함께 시몬과 안드레의 집에 들어가시니 시몬의 장모가 열병으로 누웠는지라 사람들이 곧 그의 일로 예수께 여짜온대 나아가사 그 손을 잡아 일으키시니 열병이 떠나고 여자가 저희에게 수종드니라 - 막 1:29-31

19

9 September

주인이 가로되 내가 너희
에게 말하노니 무릇 있는
자는 받겠고 없는 자는
그 있는 것도 빼앗기리라

- 눅 19:26

13

4 April

사람들이 한 중풍병자를 네 사람에게 메워 가지고 예수께로 올쌔 무리를 인하여 예수께 데려갈 수 없으므로 그 계신 곳의 지붕을 뜯어 구멍을 내고 중풍병자의 누운 상을 달아내리니 예수께서 저희의 믿음을 보시고 중풍병자에게 이르시되 소자야 네 죄 사함을 받았느니라 하시니

- 막 2:3-5

20

9 September

삭개오라 이름하는 자가 있으니 세리장이요 또한 부자라 저가 예수께서 어떠한 사람인가 하여 보고자 하되 키가 작고 사람이 많아 할수 없어 앞으로 달려가 보기 위하여 뽕나무에 올라가니 이는 예수께서 그리로 지나가시게 됨이러라 - 눅 19:2-4

12

4 April

또 지나가시다가 알패오의 아들 레위가 세관에 앉아 있는 것을 보시고 저에게 이르시되 나를 좇으라 하시니 일어나 좇으니라

- 막 2:14

21

9 September

예수께서 열두 제자를 데리시고 이르시되 보라 우리가 예루살렘으로 올라가노니 선지자들로 기록된 모든 것이 인자에게 응하리라 인자가 이방인들에게 넘기워 희롱을 받고 능욕을 받고 침 뱉음을 받겠으며 저희는 채찍질하고 죽일 것이니 저는 삼일 만에 살아나리라 하시되 - 눅 18:31-33

11

4 April

또 가라사대 안식일은 사람을 위하여 있는 것이요 사람이 안식일을 위하여 있는 것이 아니니 이러므로 인자는 안식일에도 주인이니라 - 막 2:27-28

22

9 September

예수께서 이 말을 들으시고 이르시되 네가 오히려 한 가지 부족한 것이 있으니 네게 있는 것을 다 팔아 가난한 자들을 나눠 주라 그리하면 하늘에서 보화가 네게 있으리라 그리고 와서 나를 좇으라 하시니 그 사람이 큰 부자인 고로 이 말씀을 듣고 심히 근심하더라

- 눅 18:22-23

10

4 April

예수께서 무리의 에워싸 미는 것을 면키 위하여 작은 배를 등대하도록 제자들에게 명하셨으니 이는 많은 사람을 고치셨으므로 병에 고생하는 자들이 예수를 만지고자 하여 핍근히 함이더라 - 막 3:9-10

23

9 September

내가 너희에게 이르노니 이 사람이 저보다 의롭다 하심을 받고 집에 내려갔느니라 무릇 자기를 높이는 자는 낮아지고 자기를 낮추는 자는 높아지리라 하시니라 - 눅 18:14

9

4 April

또 산에 오르사 자기의 원하는 자들을 부르시니 나아온지라 이에 열둘을 세우셨으니 이는 자기와 함께 있게 하시고 또 보내사 전도도 하며 귀신을 내어쫓는 권세도 있게 하려 하심이러라 - 막 3:13-15

9 September

주께서 또 가라사대 불의한 재판관의 말한 것을 들으라 하물며 하나님께서 그 밤낮 부르짖는 택하신 자들의 원한을 풀어 주지 아니하시겠느냐 저희에게 오래 참으시겠느냐

- 눅 18:6-7

8

4 April

무리가 예수를 둘러 앉았다가 여짜오되 보소서 당신의 모친과 동생들과 누이들이 밖에서 찾나이다 대답하시되 누가 내 모친이며 동생들이냐 하시고 둘러 앉은 자들을 둘러 보시며 가라사대 내 모친과 내 동생들을 보라 누구든지 하나님의 뜻대로 하는 자는 내 형제요 자매요 모친이니라 - 막 3:32-35

25

9 September

번개가 하늘 아래 이편에서 번뜻하여 하늘 아래 저편까지 비침 같이 인자도 자기 날에 그러하리라 그러나 그가 먼저 많은 고난을 받으며 이 세대에게 버린바 되어야 할찌니라 노아의 때에 된 것과 같이 인자의 때에도 그러하리라 - 눅 17:24-26

7

4 April

좋은 땅에 뿌리웠다는 것은 곧 말씀을 듣고 받아 삼십배와 육십배와 백배의 결실을 하는 자니라

- 막 4:20

26

9 September

예수께서 대답하여 가라사대 열 사람이 다 깨끗함을 받지 아니하였느냐 그 아홉은 어디 있느냐 이 이방인 외에는 하나님께 영광을 돌리러 돌아온 자가 없느냐 하시고 그에게 이르시되 일어나 가라 네 믿음이 너를 구원하였느니라 하시더라

- 눅 17:17-19

6

4 April

또 저희에게 이르시되 사람이 등불을 가져오는 것은 말 아래나 평상 아래나 두려 함이냐 등경 위에 두려 함이 아니냐 드러내려 하지 않고는 숨긴 것이 없고 나타내려 하지 않고는 감추인 것이 없느니라

- 막 4:21-22

27

9 September

예수께서 제자들에게 이르시되 실족케 하는 것이 없을 수는 없으나 있게 하는 자에게는 화로다 저가 이 작은 자 중에 하나를 실족케 할찐대 차라리 연자맷돌을 그 목에 매이우고 바다에 던지우는 것이 나으리라 - 눅 17:1-2

5

4 April

또 가라사대 우리가 하나님의 나라를 어떻게 비하며 또 무슨 비유로 나타낼꼬 겨자씨 한 알과 같으니 땅에 심길 때에는 땅위의 모든 씨보다 작은 것이로되 심긴 후에는 자라서 모든 나물보다 커지며 큰 가지를 내니 공중의 새들이 그 그늘에 깃들일 만큼 되느니라 - 막 4:30-32

28

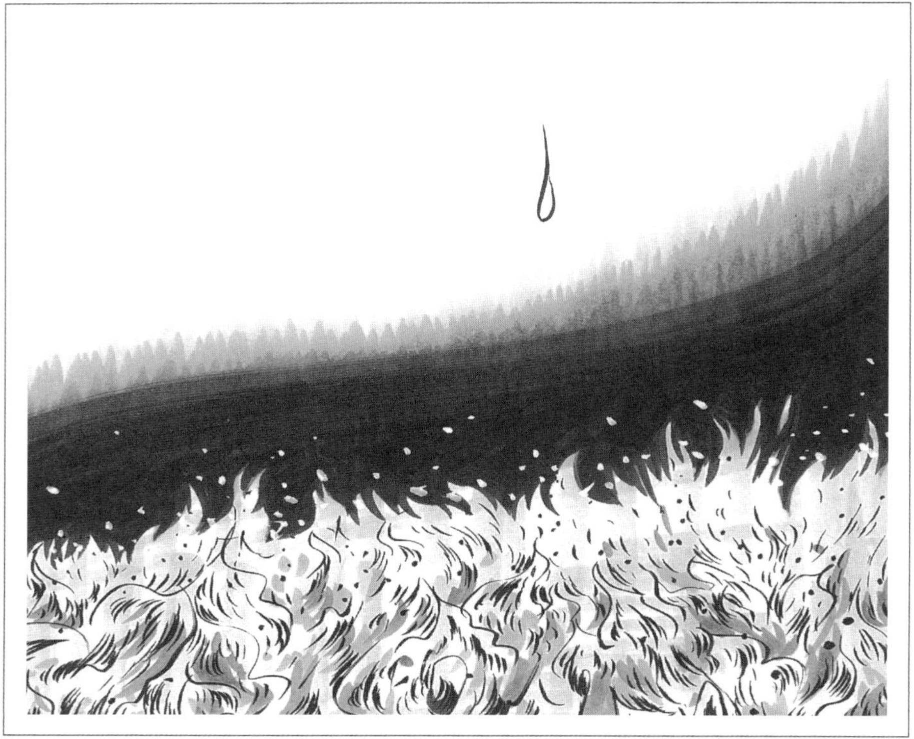

9 September

아브라함이 가로되 얘 너는 살았을 때에 네 좋은 것을 받았고 나사로는 고난을 받았으니 이것을 기억하라 이제 저는 여기서 위로를 받고 너는 고민을 받느니라 이뿐 아니라 너희와 우리 사이에 큰 구렁이 끼어 있어 여기서 너희에게 건너가고자 하되 할 수 없고 거기서 우리에게 건너올 수도 없게 하였느니라 - 눅 16:25-26

4

4 April

예수께서는 고물에서 베개를 베시고 주무시더니 제자들이 깨우며 가로되 선생님이여 우리의 죽게 된 것을 돌아보지 아니하시나이까 하니 예수께서 깨어 바람을 꾸짖으시며 바다더러 이르시되 잠잠하라 고요하라 하시니 바람이 그치고 아주 잔잔하여지더라 - 막 4:38-40

29

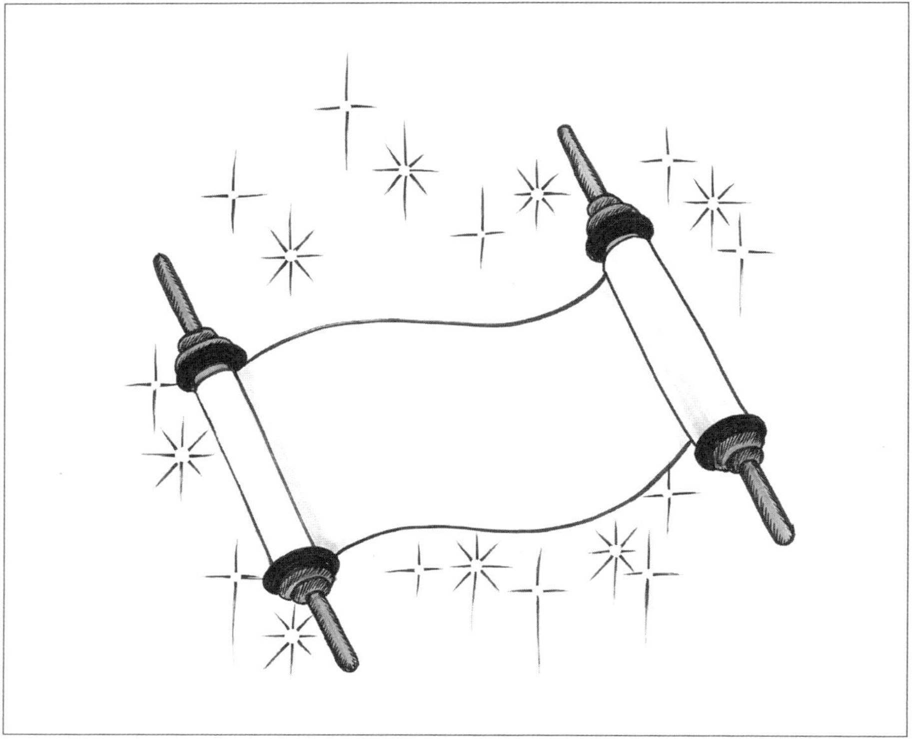

9 September

율법과 선지자는 요한의 때까지요 그 후부터는 하나님 나라의 복음이 전파되어 사람마다 그리로 침입하느니라 그러나 율법의 한 획이 떨어짐보다 천지의 없어짐이 쉬우리라

- 눅 16:16-17

3

4 April

예수께서 배에 오르실 때에 귀신 들렸던 사람이 함께 있기를 간구하였으나 허락지 아니하시고 저에게 이르시되 집으로 돌아가 주께서 네게 어떻게 큰 일을 행하사 너를 불쌍히 여기신 것을 네 친속에게 고하라 하신대

- 막 5:18-19

30

9 September

집 하인이 두 주인을 섬길 수 없나니 혹 이를 미워하고 저를 사랑하거나 혹 이를 중히 여기고 저를 경히 여길 것임이니라 너희가 하나님과 재물을 겸하여 섬길 수 없느니라

- 눅 16:13

2

5 May

그 아이의 손을 잡고 가
라사대 달리다굼 하시니
번역하면 곧 소녀야 내가
네게 말하노니 일어나라
하심이라 소녀가 곧 일어
나서 걸으니 나이 열두 살
이라 사람들이 곧 크게 놀
라고 놀라거늘

- 막 5:41-42

1

9 September

내가 일어나 아버지께 가서 이르기를 아버지여 내가 하늘과 아버지께 죄를 얻었사오니 지금부터는 아버지의 아들이라 일컬음을 감당치 못하겠나이다 나를 품꾼의 하나로 보소서 하리라 하고 이에 일어나서 아버지께로 돌아가니라 아직도 상거가 먼데 아버지가 저를 보고 측은히 여겨 달려가 목을 안고 입을 맞추니

- 눅 15:18-20

1

5 May

예수께서 저희에게 이르시되 선지자가 자기 고향과 자기 친척과 자기 집 외에서는 존경을 받지 않음이 없느니라 하시며 거기서는 아무 권능도 행하실 수 없어 다만 소수의 병인에게 안수하여 고치실 뿐이었고 저희의 믿지 않음을 이상히 여기셨더라 이에 모든 촌에 두루 다니시며 가르치시더라

\- 막 6:4-6

2

8 August

어느 여자가 열 드라크마가 있는데 하나를 잃으면 등불을 켜고 집을 쓸며 찾도록 부지런히 찾지 아니하겠느냐 또 찾은즉 벗과 이웃을 불러 모으고 말하되 나와 함께 즐기자 잃은 드라크마를 찾았노라 하리라 - 눅 15:8-9

31

5 May

열두 제자를 부르사 둘씩 둘씩 보내시며 더러운 귀신을 제어하는 권세를 주시고 명하시되 여행을 위하여 지팡이 외에는 양식이나 주머니나 전대의 돈이나 아무것도 가지지 말며 신만 신고 두 벌 옷도 입지 말라 하시고

- 막 6:7-9

8 August

너희 중에 어느 사람이 양 일백 마리가 있는데 그중에 하나를 잃으면 아흔아홉 마리를 들에 두고 그 잃은 것을 찾도록 찾아다니지 아니하느냐 또 찾은즉 즐거워 어깨에 메고 집에 와서 그 벗과 이웃을 불러 모으고 말하되 나와 함께 즐기자 나의 잃은 양을 찾았노라 하리라

- 눅 15:4-6

30

5 May

예수께서 떡 다섯 개와 물고기 두 마리를 가지사 하늘을 우러러 축사하시고 떡을 떼어 제자들에게 주어 사람들 앞에 놓게 하시고 또 물고기 두 마리도 모든 사람에게 나누어 주시매 다 배불리 먹고 남은 떡 조각과 물고기를 열두 바구니에 차게 거두었으며 - 막 6:41-43

4

8 August

무릇 내게 오는 자가 자기 부모와 처자와 형제와 자매와 및 자기 목숨까지 미워하지 아니하면 능히 나의 제자가 되지 못하고 누구든지 자기 십자가를 지고 나를 좇지 않는 자도 능히 나의 제자가 되지 못하리라 - 눅 14:26-27

29

5 May

바람이 거스리므로 제자들의 괴로이 노 젓는 것을 보시고 밤 사경 즈음에 바다 위로 걸어서 저희에게 오사 지나가려고 하시매 제자들이 그의 바다 위로 걸어 오심을 보고 유령인가 하여 소리 지르니 저희가 다 예수를 보고 놀람이라 이에 예수께서 곧 더불어 말씀하여 가라사대 안심하라 내니 두려워 말라 하시고 - 막 6:48-50

8 August

청함을 받았을 때에 차라리 가서 말석에 앉으라 그러면 너를 청한 자가 와서 너더러 벗이여 올라 앉으라 하리니 그때에야 함께 앉은 모든 사람 앞에 영광이 있으리라 무릇 자기를 높이는 자는 낮아지고 자기를 낮추는 자는 높아지리라 - 눅 14:10-11

28

5 May

아무데나 예수께서 들어
가시는 마을이나 도시나
촌에서 병자를 시장에 두
고 예수의 옷가에라도 손
을 대게 하시기를 간구하
니 손을 대는 자는 다 성
함을 얻으니라 - 막 6:56

6

8 August

또 저희에게 이르시되 너희 중에 누가 그 아들이나 소나 우물에 빠졌으면 안식일에라도 곧 끌어내지 않겠느냐 하시니 - 눅 14:5

27

5 May

이에 더러운 귀신 들린 어린 딸을 둔 한 여자가 예수의 소문을 듣고 곧 와서 그 발 아래 엎드리니 그 여자는 헬라인이요 수로보니게 족속이라 자기 딸에게서 귀신 쫓아 주시기를 간구하거늘

- 막 7:25-26

8 August

예루살렘아 예루살렘아 선지자들을 죽이고 네게 파송된 자들을 돌로 치는 자여 암탉이 제 새끼를 날개 아래 모음 같이 내가 너희의 자녀를 모으려 한 일이 몇 번이냐 그러나 너희가 원치 아니하였도다 보라 너희 집이 황폐하여 버린바 되리라 내가 너희에게 이르노니 너희가 주의 이름으로 오시는 이를 찬송하리로다 할 때까지는 나를 보지 못하리라 하시니라 - 눅 13:34-35

26

5 May

예수께서 무리를 명하사 땅에 앉게 하시고 떡 일곱 개를 가지사 축사하시고 떼어 제자들에게 주어 그 앞에 놓게 하시니 제자들이 무리 앞에 놓더라 또 작은 생선 두어 마리가 있는지라 이에 축복하시고 명하사 이것도 그 앞에 놓게 하시니 배불리 먹고 남은 조각 일곱 광주리를 거두었으며 - 막 8:6-8

8

8 August

좁은 문으로 들어가기를 힘쓰라 내가 너희에게 이르노니 들어가기를 구하여도 못하는 자가 많으리라

- 눅 13:24

25

5 May

예수께서 소경의 손을 붙드시고 마을 밖으로 데리고 나가사 눈에 침을 뱉으시며 그에게 안수하시고 무엇이 보이느냐 물으시니 우러러보며 가로되 사람들이 보이나이다 나무 같은 것들의 걸어가는 것을 보나이다 하거늘 이에 그 눈에 다시 안수하시매 저가 주목하여 보더니 나아서 만물을 밝히 보는지라 - 막 8:23-25

9

8 August

또 가라사대 내가 하나님의 나라를 무엇으로 비할꼬 마치 여자가 가루 서 말 속에 갖다 넣어 전부 부풀게 한 누룩과 같으니라 하셨더라 - 눅 13:20-21

24

5 May

예수와 제자들이 가이사랴 빌립보 여러 마을로 나가실째 노중에서 제자들에게 물어 가라사대 사람들이 나를 누구라고 하느냐 여짜와 가로되 세례 요한이라 하고 더러는 엘리야, 더러는 선지자 중의 하나라 하나이다 또 물으시되 너희는 나를 누구라 하느냐 베드로가 대답하여 가로되 주는 그리스도시니이다 하매 - 막 8:27-29

10

8 August

안식일에 한 회당에서 가르치실 때에 십팔년 동안을 귀신 들려 앓으며 꼬부라져 조금도 펴지 못하는 한 여자가 있더라 예수께서 보시고 불러 이르시되 여자여 네가 네 병에서 놓였다 하시고 안수하시매 여자가 곧 펴고 하나님께 영광을 돌리는지라

- 눅 13:10-13

23

5 May

인자가 많은 고난을 받고 장로들과 대제사장들과 서기관들에게 버린바 되어 죽임을 당하고 사흘 만에 살아나야 할 것을 비로소 저희에게 가르치시되 - 막 8:31

11

8 August

이에 비유로 말씀하시되 한 사람이 포도원에 무화과나무를 심은 것이 있더니 와서 그 열매를 구하였으나 얻지 못한지라 과원지기에게 이르되 내가 삼 년을 와서 이 무화과나무에 실과를 구하되 얻지 못하니 찍어버리라 어찌 땅만 버리느냐 - 눅 13:6-7

22

5 May

엿새 후에 예수께서 베드로와 야고보와 요한을 데리시고 따로 높은 산에 올라가셨더니 저희 앞에서 변형되사 그 옷이 광채가 나며 세상에서 빨래하는 자가 그렇게 희게 할 수 없을 만큼 심히 희어졌더라 이에 엘리야가 모세와 함께 저희에게 나타나 예수로 더불어 말씀하거늘

- 막 9:2-4

12

8 August

또 실로암에서 망대가 무너져 치어 죽은 열 여덟 사람이 예루살렘에 거한 모든 사람보다 죄가 더 있는 줄 아느냐 너희에게 이르노니 아니라 너희도 만일 회개치 아니하면 다 이와 같이 망하리라

- 눅 13:4-5

21

5 May

예수께서 이르시되 할 수 있거든이 무슨 말이냐 믿는 자에게는 능치 못할 일이 없느니라 하시니 곧 그 아이의 아비가 소리를 질러 가로되 내가 믿나이다 나의 믿음 없는 것을 도와주소서 하더라

\- 막 9:23-24

13

8 August

또 무리에게 이르시되 너희가 구름이 서에서 일어남을 보면 곧 말하기를 소나기가 오리라 하나니 과연 그러하고 남풍이 붊을 보면 말하기를 심히 더우리라 하나니 과연 그러하니라 외식하는 자여 너희가 천지의 기상은 분변할 줄을 알면서 어찌 이 시대는 분변치 못하느냐

- 눅 12:54-56

20

5 May

그곳을 떠나 갈릴리 가운데로 지날새 예수께서 아무에게도 알리고자 아니하시니 이는 제자들을 가르치시며 또 인자가 사람들의 손에 넘기워 죽임을 당하고 죽은 지 삼 일 만에 살아나리라는 것을 말씀하시는 연고더라 그러나 제자들은 이 말씀을 깨닫지 못하고 묻기도 무서워하더라 - 막 9:30-32

14

8 August

주인이 와서 깨어 있는 것을 보면 그 종들은 복이 있으리로다 내가 진실로 너희에게 이르노니 주인이 띠를 띠고 그 종들을 자리에 앉히고 나아와 수종하리라 주인이 혹 이경에나 혹 삼경에 이르러서도 종들의 이같이 하는 것을 보면 그 종들은 복이 있으리로다 - 눅 12:37-38

19

5 May

누구든지 너희를 그리스도에게 속한 자라 하여 물 한 그릇을 주면 내가 진실로 너희에게 이르노니 저가 결단코 상을 잃지 않으리라 또 누구든지 나를 믿는 이 소자 중 하나를 실족케 하면 차라리 연자 맷돌을 그 목에 달리우고 바다에 던지움이 나으리라 - 막 9:41-42

15

8 August

백합화를 생각하여 보아라 실도 만들지 않고 짜지도 아니하느니라 그러나 내가 너희에게 말하노니 솔로몬의 모든 영광으로도 입은 것이 이 꽃 하나만 같지 못하였느니라 오늘 있다가 내일 아궁이에 던지우는 들풀도 하나님이 이렇게 입히시거든 하물며 너희일까 보냐 믿음이 적은 자들아

- 눅 12:27-28

18

5 May

창조 시로부터 저희를 남자와 여자로 만드셨으니 이러므로 사람이 그 부모를 떠나서 그 둘이 한 몸이 될찌니라 이러한즉 이제 둘이 아니요 한 몸이니 그러므로 하나님이 짝지어 주신 것을 사람이 나누지 못할찌니라 하시더라

- 막 10:6-9

16

8 August

내가 또한 너희에게 말하노니 누구든지 사람 앞에서 나를 시인하면 인자도 하나님의 사자들 앞에서 저를 시인할 것이요 사람 앞에서 나를 부인하는 자는 하나님의 사자들 앞에서 부인함을 받으리라 누구든지 말로 인자를 거역하면 사하심을 받으려니와 성령을 모독하는 자는 사하심을 받지 못하리라

- 눅 12:8-10

17

5 May

사람들이 예수의 만져주심을 바라고 어린 아이들을 데리고 오매 제자들이 꾸짖거늘 예수께서 보시고 분히 여겨 이르시되 어린 아이들의 내게 오는 것을 용납하고 금하지 말라 하나님의 나라가 이런 자의 것이니라 - 막 10:13-14

17

8 August

참새 다섯이 앗사리온 둘에 팔리는 것이 아니냐 그러나 하나님 앞에는 그 하나라도 잊어버리시는바 되지 아니하는도다 너희에게는 오히려 머리털까지도 다 세신바 되었나니 두려워하지 말라 너희는 많은 참새보다 귀하니라

- 눅 12:6-7

16

5 May

보라 우리가 예루살렘에 올라가노니 인자가 대제사장들과 서기관들에게 넘기우매 저희가 죽이기로 결안하고 이방인들에게 넘겨주겠고 그들은 능욕하며 침 뱉으며 채찍질하고 죽일 것이니 저는 삼일 만에 살아나리라 하시니라 - 막 10:33-34

18

8 August

누구든지 등불을 켜서 움 속에나 말 아래 두지 아니하고 등경 위에 두나니 이는 들어가는 자로 그 빛을 보게 하려 함이니라 네 몸의 등불은 눈이라 네 눈이 성하면 온 몸이 밝을 것이요 만일 나쁘면 네 몸도 어두우리라 그러므로 네 속에 있는 빛이 어둡지 아니한가 보라 - 눅 11:33-35

15

5 May

소경이 겉옷을 내어버리고 뛰어 일어나 예수께 나아오거늘 예수께서 일러 가라사대 네게 무엇을 하여 주기를 원하느냐 소경이 가로되 선생님이여 보기를 원하나이다 예수께서 이르시되 가라 네 믿음이 너를 구원하였느니라 하시니 저가 곧 보게 되어 예수를 길에서 좇으니라 - 막 10:50-52

19

8 August

내가 너희에게 말하노니 비록 벗됨을 인하여서는 일어나 주지 아니할찌라도 그 강청함을 인하여 일어나 그 소용대로 주리라 내가 또 너희에게 이르노니 구하라 그러면 너희에게 주실 것이요 찾으라 그러면 찾을 것이요 문을 두드리라 그러면 너희에게 열릴 것이니 - 눅 11:8-9

14

5 May

이르시되 너희 맞은편 마을로 가라 그리로 들어가면 곧 아직 아무 사람도 타 보지 않은 나귀 새끼의 매여 있는 것을 보리니 풀어 끌고 오너라 만일 누가 너희에게 왜 이리 하느냐 묻거든 주가 쓰시겠다 하라 그리하면 즉시 이리로 보내리라 하시니

- 막 11:2-3

20

8 August

예수께서 이르시되 너희는 기도할 때에 이렇게 하라 아버지여 이름이 거룩히 여김을 받으시오며 나라이 임하옵시며 우리에게 날마다 일용할 양식을 주옵시고 우리가 우리에게 죄 지은 모든 사람을 용서하오니 우리 죄도 사하여 주옵시고 우리를 시험에 들게 하지 마옵소서 하라 - 눅 11:2-4

13

5 May

나귀 새끼를 예수께로 끌고 와서 자기들의 겉옷을 그 위에 걸쳐두매 예수께서 타시니 많은 사람은 자기 겉옷과 다른 이들은 밭에서 벤 나무가지를 길에 펴며 앞에서 가고 뒤에서 따르는 자들이 소리 지르되 호산나 찬송하리로다 주의 이름으로 오시는 이여 찬송하리로다 오는 우리 조상 다윗의 나라여 가장 높은 곳에서 호산나 하더라 - 막 11:7-10

21

8 August

주께서 대답하여 가라사대 마르다야 마르다야 네가 많은 일로 염려하고 근심하나 그러나 몇 가지만 하든지 혹 한 가지만이라도 족하니라 마리아는 이 좋은 편을 택하였으니 빼앗기지 아니하리라 하시니라 - 눅 10:41-42

12

5 May

이튿날 저희가 베다니에서 나왔을 때에 예수께서 시장하신지라 멀리서 잎사귀 있는 한 무화과나무를 보시고 혹 그 나무에 무엇이 있을까 하여 가셨더니 가서 보신즉 잎사귀 외에 아무것도 없더라 이는 무화과의 때가 아님이라 예수께서 나무에게 일러 가라사대 이제부터 영원토록 사람이 네게서 열매를 따 먹지 못하리라 하시니 제자들이 이를 듣더라

- 막 11:12-14

22

8 August

어떤 사마리아인은 여행하는 중 거기 이르러 그를 보고 불쌍히 여겨 가까이 가서 기름과 포도주를 그 상처에 붓고 싸매고 자기 짐승에 태워 주막으로 데리고 가서 돌보아 주고 이튿날에 데나리온 둘을 내어 주막 주인에게 주며 가로되 이 사람을 돌보아 주라 부비가 더 들면 내가 돌아올 때에 갚으리라 하였으니 - 눅 10:33-35

11

5 May

저희가 예루살렘에 들어가니라 예수께서 성전에 들어가사 성전 안에서 매매하는 자들을 내어쫓으시며 돈 바꾸는 자들의 상과 비둘기 파는 자들의 의자를 둘러 엎으시며 아무나 기구를 가지고 성전 안으로 지나다님을 허치 아니하시고 이에 가르쳐 이르시되 기록된바 내 집은 만민의 기도하는 집이라 칭함을 받으리라고 하지 아니하였느냐 너희는 강도의 굴혈을 만들었도다 하시매

- 막 11:15-17

23

8 August

이때에 예수께서 성령으로 기뻐하사 가라사대 천지의 주재이신 아버지여 이것을 지혜롭고 슬기있는 자들에게는 숨기시고 어린 아이들에게는 나타내심을 감사하나이다 옳소이다 이렇게 된 것이 아버지의 뜻이니이다 내 아버지께서 모든 것을 내게 주셨으니 아버지 외에는 아들이 누군지 아는 자가 없고 아들과 또 아들의 소원대로 계시를 받는 자 외에는 아버지가 누군지 아는 자가 없나이다 하시고

- 눅 10:21-22

10

5 May

저희가 아침에 지나갈 때에 무화과나무가 뿌리로부터 마른 것을 보고 베드로가 생각이 나서 여짜오되 랍비여 보소서 저주하신 무화과나무가 말랐나이다 예수께서 대답하여 저희에게 이르시되 하나님을 믿으라 내가 진실로 너희에게 이르노니 누구든지 이 산더러 들리어 바다에 던지우라 하며 그 말하는 것이 이룰 줄 믿고 마음에 의심치 아니하면 그대로 되리라 - 막 11:20-23

24

8 August

이르시되 추수할 것은 많되 일꾼이 적으니 그러므로 추수하는 주인에게 청하여 추수할 일꾼들을 보내어 주소서 하라 갈찌어다 내가 너희를 보냄이 어린 양을 이리 가운데로 보냄과 같도다 - 눅 10:2-3

9

5 May

저희가 다시 예루살렘에 들어가니라 예수께서 성전에서 걸어다니실 때에 대제사장들과 서기관들과 장로들이 나아와 가로되 무슨 권세로 이런 일을 하느뇨 누가 이런 일 할 이 권세를 주었느뇨 예수께서 가라사대 나도 한 말을 너희에게 물으리니 대답하라 그리하면 나도 무슨 권세로 이런 일을 하는지 이르리라 요한의 세례가 하늘로서냐 사람에게로서냐 내게 대답하라

- 막 11:27-30

25

8 August

저희에게 이르시되 누구든지 내 이름으로 이 어린 아이를 영접하면 곧 나를 영접함이요 또 누구든지 나를 영접하면 곧 나 보내신 이를 영접함이라 너희 모든 사람 중에 가장 작은 그이가 큰 자니라

- 눅 9:48

8

5 May

너희가 성경에 건축자들의 버린 돌이 모퉁이의 머릿돌이 되었나니 이것은 주로 말미암아 된 것이요 우리 눈에 기이하도다 함을 읽어 보지도 못하였느냐 하시니라 저희가 예수의 이 비유는 자기들을 가리켜 말씀하심인 줄 알고 잡고자 하되 무리를 두려워하여 예수를 버려두고 가니라 - 막 12:10-12

26

8 August

기도하실 때에 용모가 변화되고 그 옷이 희어져 광채가 나더라 문득 두 사람이 예수와 함께 말하니 이는 모세와 엘리야라 영광 중에 나타나서 장차 예수께서 예루살렘에서 별세하실 것을 말씀할새

- 눅 9:29-31

7

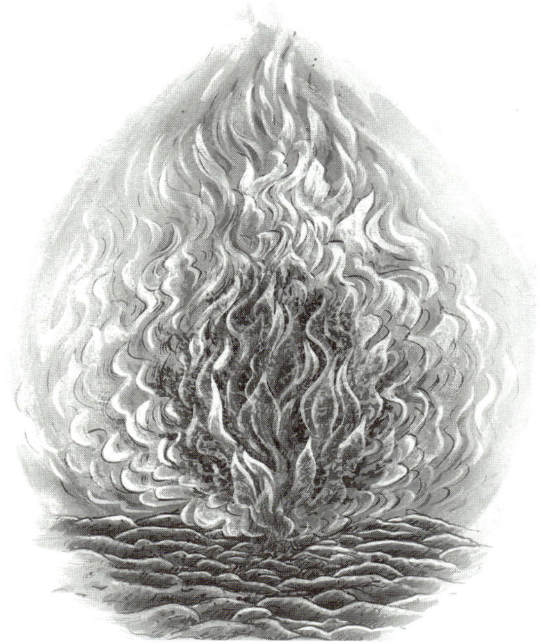

5 May

죽은 자의 살아난다는 것을 의논할찐대 너희가 모세의 책 중 가시나무 떨기에 관한 글에 하나님께서 모세에게 이르시되 나는 아브라함의 하나님이요 이삭의 하나님이요 야곱의 하나님이로라 하신 말씀을 읽어보지 못하였느냐 하나님은 죽은 자의 하나님이 아니요 산 자의 하나님이시라 너희가 크게 오해하였도다 하시니라 - 막 12:26-27

27

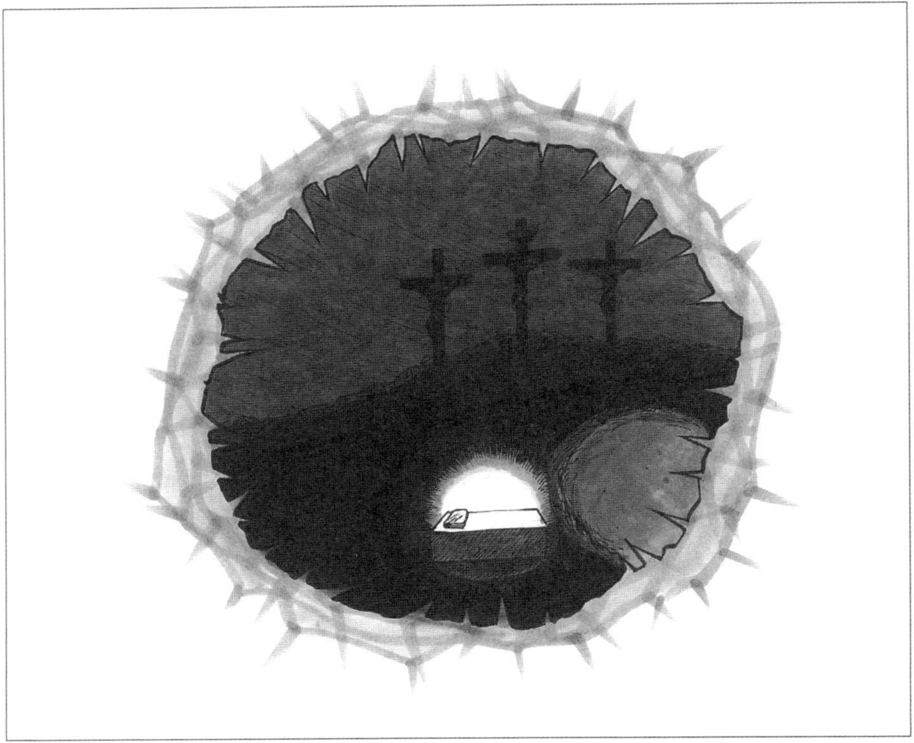

8 August

가라사대 인자가 많은 고난을 받고 장로들과 대제사장들과 서기관들에게 버린바 되어 죽임을 당하고 제삼일에 살아나야 하리라 하시고 또 무리에게 이르시되 아무든지 나를 따라오려거든 자기를 부인하고 날마다 제 십자가를 지고 나를 좇을 것이니라 - 눅 9:22-23

6

5 May

예수께서 가르치실 때에 가라사대 긴 옷을 입고 다니는 것과 시장에서 문안 받는 것과 회당의 상좌와 잔치의 상석을 원하는 서기관들을 삼가라 저희는 과부의 가산을 삼키며 외식으로 길게 기도하는 자니 그 받는 판결이 더욱 중하리라 하시니라

- 막 12:38-40

28

8 August

예수께서 떡 다섯 개와 물고기 두 마리를 가지사 하늘을 우러러 축사하시고 떼어 제자들에게 주어 무리 앞에 놓게 하시니 먹고 다 배불렀더라 그 남은 조각 열두 바구니를 거두니라

- 눅 9:16-17

5

5 May

한 가난한 과부는 와서 두 렙돈 곧 한 고드란트를 넣는지라 예수께서 제자들을 불러다가 이르시되 내가 진실로 너희에게 이르노니 이 가난한 과부는 연보 궤에 넣는 모든 사람보다 많이 넣었도다 저희는 다 그 풍족한 중에서 넣었거니와 이 과부는 그 구차한 중에서 자기 모든 소유 곧 생활비 전부를 넣었느니라 하셨더라 - 막 12:42-44

29

8 August

이르시되 여행을 위하여 아무것도 가지지 말라 지팡이나 주머니나 양식이나 돈이나 두 벌 옷을 가지지 말며 어느 집에 들어가든지 거기서 유하다가 거기서 떠나라 누구든지 너희를 영접지 아니하거든 그 성에서 떠날 때에 너희 발에서 먼지를 떨어버려 저희에게 증거를 삼으라 하시니 - 눅 9:3-5

4

5 May

예수께서 성전에서 나가실 때에 제자 중 하나가 가로되 선생님이여 보소서 이 돌들이 어떠하며 이 건물들이 어떠하니이까 예수께서 이르시되 네가 이 큰 건물들을 보느냐 돌 하나도 돌 위에 남지 않고 다 무너뜨려지리라 하시니라 - 막 13:1-2

30

8 August

모든 사람이 아이를 위하여 울며 통곡하매 예수께서 이르시되 울지 말라 죽은 것이 아니라 잔다 하시니 저희가 그 죽은 것을 아는 고로 비웃더라 예수께서 아이의 손을 잡고 불러 가라사대 아이야 일어나라 하시니 그 영이 돌아와 아이가 곧 일어나거늘 예수께서 먹을 것을 주라 명하신대 - 눅 8:52-55

3

5 May

우리에게 이르소서 어느 때에 이런 일이 있겠사오며 이 모든 일이 이루려 할 때에 무슨 징조가 있사오리이까 예수께서 이르시되 너희가 사람의 미혹을 받지 않도록 주의하라 많은 사람이 내 이름으로 와서 이르되 내가 그로라 하여 많은 사람을 미혹케 하리라 난리와 난리 소문을 들을 때에 두려워 말라 이런 일이 있어야 하되 끝은 아직 아니니라

- 막 13:4-7

31

8 August

마침 거기 많은 돼지 떼가 산에서 먹고 있는지라 귀신들이 그 돼지에게로 들어가게 허하심을 간구하니 이에 허하신대 귀신들이 그 사람에게서 나와 돼지에게로 들어가니 그 떼가 비탈로 내리달아 호수에 들어가 몰사하거늘

- 눅 8:32-33

6 June

그때에 그 환난 후 해가 어두워지며 달이 빛을 내지 아니하며 별들이 하늘에서 떨어지며 하늘에 있는 권능들이 흔들리리라 그때에 인자가 구름을 타고 큰 권능과 영광으로 오는 것을 사람들이 보리라 또 그때에 저가 천사들을 보내어 자기 택하신 자들을 땅 끝으로부터 하늘 끝까지 사방에서 모으리라 - 막 13:24-27

1

8 August

행선할 때에 예수께서 잠이 드셨더니 마침 광풍이 호수로 내리치매 배에 물이 가득하게 되어 위태한지라 제자들이 나아와 깨워 가로되 주여 주여 우리가 죽겠나이다 한대 예수께서 잠을 깨사 바람과 물결을 꾸짖으시니 이에 그쳐 잔잔하여지더라

- 눅 8:23-24

1

6 June

무화과나무의 비유를 배우라 그 가지가 연하여지고 잎사귀를 내면 여름이 가까운 줄을 아나니 이와 같이 너희가 이런 일이 나는 것을 보거든 인자가 가까이 곧 문 앞에 이른 줄을 알라 내가 진실로 너희에게 말하노니 이 세대가 지나가기 전에 이 일이 다 이루리라 천지는 없어지겠으나 내 말은 없어지지 아니하리라

- 막 13:28-31

2

7 July

누구든지 등불을 켜서 그릇으로 덮거나 평상 아래 두지 아니하고 등경 위에 두나니 이는 들어가는 자들로 그 빛을 보게 하려 함이라 숨은 것이 장차 드러나지 아니할 것이 없고 감추인 것이 장차 알려지고 나타나지 않을 것이 없느니라 - 눅 8:16-17

31

6 June

이틀을 지나면 유월절과 무교절이라 대제사장들과 서기관들이 예수를 궤계로 잡아 죽일 방책을 구하며 가로되 민요가 날까 하노니 명절에는 말자 하더라 - 막 14:1-2

3

7 July

좋은 땅에 있다는 것은 착하고 좋은 마음으로 말씀을 듣고 지키어 인내로 결실하는 자니라 - 눅 8:15

6 June

예수께서 가라사대 가만 두어라 너희가 어찌하여 저를 괴롭게 하느냐 저가 내게 좋은 일을 하였느니라 가난한 자들은 항상 너희와 함께 있으니 아무 때라도 원하는 대로 도울 수 있거니와 나는 너희와 항상 함께 있지 아니하리라 저가 힘을 다하여 내 몸에 향유를 부어 내 장사를 미리 준비하였느니라 내가 진실로 너희에게 이르노니 온 천하에 어디서든지 복음이 전파되는 곳에는 이 여자의 행한 일도 말하여 저를 기념하리라 하시니라 - 막 14:6-9

4

7 July

이후에 예수께서 각 성과 촌에 두루 다니시며 하나님의 나라를 반포하시며 그 복음을 전하실새 열두 제자가 함께 하였고 또한 악귀를 쫓아내심과 병 고침을 받은 어떤 여자들 곧 일곱 귀신이 나간 자 막달라인이라 하는 마리아와 또 헤롯의 청지기 구사의 아내 요안나와 또 수산나와 다른 여러 여자가 함께 하여 자기들의 소유로 저희를 섬기더라 - 눅 8:1-3

29

6 June

열둘 중에 하나인 가룟 유다가 예수를 넘겨주려고 대제사장들에게 가매 저희가 듣고 기뻐하여 돈을 주기로 약속하니 유다가 예수를 어떻게 넘겨줄 기회를 찾더라 - 막 14:10-11

7 July

대답하여 가라사대 너희가 가서 보고 들은 것을 요한에게 고하되 소경이 보며 앉은뱅이가 걸으며 문둥이가 깨끗함을 받으며 귀머거리가 들으며 죽은 자가 살아나며 가난한 자에게 복음이 전파된다 하라 - 눅 7:22

28

6 June

예수께서 제자 중에 둘을 보내시며 가라사대 성내로 들어가라 그리하면 물 한 동이를 가지고 가는 사람을 만나리니 그를 따라가서 어디든지 그의 들어가는 그 집 주인에게 이르되 선생님의 말씀이 내가 내 제자들과 함께 유월절을 먹을 나의 객실이 어디 있느뇨 하시더라 하라 그리하면 자리를 베풀고 예비된 큰 다락방을 보이리니 거기서 우리를 위하여 예비하라 하신대

- 막 14:13-15

7 July

주께서 과부를 보시고 불쌍히 여기사 울지 말라 하시고 가까이 오사 그 관에 손을 대시니 멘 자들이 서는지라 예수께서 가라사대 청년아 내가 네게 말하노니 일어나라 하시매 죽었던 자가 일어앉고 말도 하거늘 예수께서 그를 어미에게 주신대 - 눅 7:13-15

27

6 June

저물매 그 열둘을 데리시고 와서 다 앉아 먹을 때에 예수께서 가라사대 내가 진실로 너희에게 이르노니 너희 중에 한 사람 곧 나와 함께 먹는 자가 나를 팔리라 하신대 저희가 근심하여 하나씩 하나씩 여짜오되 내니이까 이르시되 열둘 중 하나 곧 나와 함께 그릇에 손을 넣는 자니라 - 막 14:17-20

7

7 July

예수께서 함께 가실새 이에 그 집이 멀지 아니하여 백부장이 벗들을 보내어 가로되 주여 수고하시지 마옵소서 내 집에 들어오심을 나는 감당치 못하겠나이다 그러므로 내가 주께 나아가기도 감당치 못할 줄을 알았나이다 말씀만 하사 내 하인을 낫게 하소서 - 눅 7:6-7

26

6 June

저희가 먹을 때에 예수께서 떡을 가지사 축복하시고 떼어 제자들에게 주시며 가라사대 받으라 이것이 내 몸이니라 하시고 또 잔을 가지사 사례하시고 저희에게 주시니 다 이를 마시매 가라사대 이것은 많은 사람을 위하여 흘리는바 나의 피 곧 언약의 피니라 - 막 14:22-24

8

7 July

나무는 각각 그 열매로
아나니 가시나무에서 무
화과를, 또는 찔레에서
포도를 따지 못하느니라
선한 사람은 마음의 쌓
은 선에서 선을 내고 악
한 자는 그 쌓은 악에서
악을 내나니 이는 마음의
가득한 것을 입으로 말함
이니라 - 눅 6:44-45

25

6 June

말씀하시되 내 마음이 심히 고민하여 죽게 되었으니 너희는 여기 머물러 깨어 있으라 하시고 조금 나아가사 땅에 엎드리어 될 수 있는 대로 이때가 자기에게서 지나가기를 구하여 가라사대 아바 아버지여 아버지께는 모든 것이 가능하오니 이 잔을 내게서 옮기시옵소서 그러나 나의 원대로 마옵시고 아버지의 원대로 하옵소서 하시고 - 막 14:34-36

9

7 July

너희가 만일 너희를 사랑하는 자를 사랑하면 칭찬 받을 것이 무엇이냐 죄인들도 사랑하는 자를 사랑하느니라 너희가 만일 선대하는 자를 선대하면 칭찬받을 것이 무엇이냐 죄인들도 이렇게 하느니라

- 눅 6:32-33

24

6 June

예수를 파는 자가 이미 그들과 군호를 짜 가로되 내가 입맞추는 자가 그이니 그를 잡아 단단히 끌어가라 하였는지라 이에 와서 곧 예수께 나아와 랍비여 하고 입을 맞추니 저희가 예수께 손을 대어 잡거늘 - 막 14:44-46

10

7 July

예수께서 저희와 함께 내려오사 평지에 서시니 그 제자의 허다한 무리와 또 예수의 말씀도 듣고 병 고침을 얻으려고 유대 사방과 예루살렘과 및 두로와 시돈의 해안으로부터 온 많은 백성도 있더라

- 눅 6:17

23

6 June

예수께서 이르시되 내가 그니라 인자가 권능자의 우편에 앉은 것과 하늘 구름을 타고 오는 것을 너희가 보리라 하시니 대제사장이 자기 옷을 찢으며 가로되 우리가 어찌 더 증인을 요구하리요 그 참람한 말을 너희가 들었도다 너희는 어떻게 생각하느뇨 하니 저희가 다 예수를 사형에 해당한 자로 정죄하고 혹은 그에게 침을 뱉으며 그의 얼굴을 가리우고 주먹으로 치며 가로되 선지자 노릇을 하라 하고 하속들은 손바닥으로 치더라

- 막 14:62-65

11

7 July

밝으매 그 제자들을 부르사 그중에서 열둘을 택하여 사도라 칭하셨으니 곧 베드로라고도 이름 주신 시몬과 및 그 형제 안드레와 및 야고보와 요한과 빌립과 바돌로매와 마태와 도마와 및 알패오의 아들 야고보와 및 셀롯이라 하는 시몬과 및 야고보의 아들 유다와 및 예수를 파는 자 될 가룟 유다라 - 눅 6:13-16

22

6 June

베드로가 저주하며 맹세하되 나는 너희의 말하는 이 사람을 알지 못하노라 하니 닭이 곧 두 번째 울더라 이에 베드로가 예수께서 자기에게 하신 말씀 곧 닭이 두 번 울기 전에 네가 세 번 나를 부인하리라 하심이 기억되어 생각하고 울었더라

- 막 14:71-72

12

7 July

이때에 예수께서 기도하
시러 산으로 가사 밤이
맞도록 하나님께 기도하
시고 - 눅 6:12

21

6 June

새벽에 대제사장들이 즉시 장로들과 서기관들 곧 온 공회로 더불어 의논하고 예수를 결박하여 끌고 가서 빌라도에게 넘겨주니 빌라도가 묻되 네가 유대인의 왕이냐 예수께서 대답하여 가라사대 네 말이 옳도다 하시매

- 막 15:1-2

13

7 July

안식일에 예수께서 밀밭 사이로 지나가실새 제자들이 이삭을 잘라 손으로 비비어 먹으니 어떤 바리새인들이 말하되 어찌하여 안식일에 하지 못할 일을 하느뇨 예수께서 대답하여 가라사대 다윗이 자기와 및 함께한 자들이 시장할 때에 한 일을 읽지 못하였느냐 그가 하나님의 전에 들어가서 다만 제사장 외에는 먹지 못하는 진설병을 집어 먹고 함께한 자들에게도 주지 아니하였느냐 또 가라사대 인자는 안식일의 주인이니라 하시더라

\- 눅 6:1-5

20

6 June

명절을 당하면 백성의 구하는 대로 죄수 하나를 놓아 주는 전례가 있더니 민란을 꾸미고 이 민란에 살인하고 포박된 자 중에 바라바라 하는 자가 있는지라 무리가 나아가서 전례대로 하여 주기를 구한대 빌라도가 대답하여 가로되 너희는 내가 유대인의 왕을 너희에게 놓아 주기를 원하느냐 하니 이는 저가 대제사장들이 시기로 예수를 넘겨준 줄 앎이러라

- 막 15:6-10

14

7 July

새 포도주를 낡은 가죽 부대에 넣는 자가 없나니 만일 그렇게 하면 새 포도주가 부대를 터뜨려 포도주가 쏟아지고 부대도 버리게 되리라 새 포도주는 새 부대에 넣어야 할 것이니라 - 눅 5:37-38

19

6 June

군병들이 예수를 끌고 브라이도리온이라는 뜰 안으로 들어가서 온 군대를 모으고 예수에게 자색 옷을 입히고 가시 면류관을 엮어 씌우고 예하여 가로되 유대인의 왕이여 평안할찌어다 하고 갈대로 그의 머리를 치며 침을 뱉으며 꿇어 절하더라

- 막 15:16-19

15

7 July

그후에 나가사 레위라 하는 세리가 세관에 앉은 것을 보시고 나를 좇으라 하시니 저가 모든 것을 버리고 일어나 좇으니라

- 눅 5:27-28

18

6 June

희롱을 다한 후 자색 옷을 벗기고 도로 그의 옷을 입히고 십자가에 못 박으려고 끌고 나가니라

- 막 15:20

16

7 July

네 죄 사함을 받았느니라 하는 말과 일어나 걸어가라 하는 말이 어느 것이 쉽겠느냐 그러나 인자가 땅에서 죄를 사하는 권세가 있는 줄을 너희로 알게 하리라 하시고 중풍병자에게 말씀하시되 내가 네게 이르노니 일어나 네 침상을 가지고 집으로 가라 하시매

- 눅 5:23-24

17

6 June

마침 알렉산더와 루포의 아비인 구레네 사람 시몬이 시골로서 와서 지나가는데 저희가 그를 억지로 같이 가게 하여 예수의 십자가를 지우고 예수를 끌고 골고다라 하는 곳(번역하면 해골의 곳)에 이르러 - 막 15:21-22

17

7 July

예수께서 한 배에 오르시니
그 배는 시몬의 배라 육지
에서 조금 띄기를 청하시고
앉으사 배에서 무리를 가
르치시더니 말씀을 마치시
고 시몬에게 이르시되 깊은
데로 가서 그물을 내려 고
기를 잡으라 시몬이 대답하
여 가로되 선생이여 우리들
이 밤이 맞도록 수고를 하
였으되 얻은 것이 없지마는
말씀에 의지하여 내가 그물
을 내리리이다 하고 그리한
즉 고기를 에운 것이 심히
많아 그물이 찢어지는지라

- 눅 5:3-6

16

6 June

십자가에 못 박고 그 옷을 나눌쌔 누가 어느 것을 얻을까 하여 제비를 뽑더라 때가 제삼시가 되어 십자가에 못 박으니라 그 위에 있는 죄 패에 유대인의 왕이라 썼고 강도 둘을 예수와 함께 십자가에 못 박으니 하나는 그의 우편에, 하나는 좌편에 있더라 - 막 15:24-27

18

7 July

회당에 더러운 귀신 들린 사람이 있어 크게 소리 질러 가로되 아 나사렛 예수여 우리가 당신과 무슨 상관이 있나이까 우리를 멸하러 왔나이까 나는 당신이 누구인 줄 아노니 하나님의 거룩한 자니이다 예수께서 꾸짖어 가라사대 잠잠하고 그 사람에게서 나오라 하시니 귀신이 그 사람을 무리 중에 넘어뜨리고 나오되 그 사람은 상하지 아니한지라

- 눅 4:33-35

15

6 June

지나가는 자들은 자기 머리를 흔들며 예수를 모욕하여 가로되 아하 성전을 헐고 사흘에 짓는 자여 네가 너를 구원하여 십자가에서 내려오라 하고 그와 같이 대제사장들도 서기관들과 함께 희롱하며 서로 말하되 저가 남은 구원하였으되 자기는 구원할 수 없도다 이스라엘의 왕 그리스도가 지금 십자가에서 내려와 우리로 보고 믿게 할찌어다 하며 함께 십자가에 못 박힌 자들도 예수를 욕하더라

- 막 15:29-32

19

7 July

예수께서 저희에게 이르시되 너희가 반드시 의원아 너를 고치라 하는 속담을 인증하여 내게 말하기를 우리의 들은바 가버나움에서 행한 일을 네 고향 여기서도 행하라 하리라 또 가라사대 내가 진실로 너희에게 이르노니 선지자가 고향에서 환영을 받는 자가 없느니라

- 눅 4:23-24

14

6 June

제육시가 되매 온 땅에 어두움이 임하여 제구시까지 계속하더니 제구시에 예수께서 크게 소리 지르시되 엘리 엘리 라마 사박다니 하시니 이를 번역하면 나의 하나님 나의 하나님 어찌하여 나를 버리셨나이까 하는 뜻이라

- 막 15:33-34

20

7 July

예수께서 성령의 권능으로 갈릴리에 돌아가시니 그 소문이 사방에 퍼졌고 친히 그 여러 회당에서 가르치시매 뭇사람에게 칭송을 받으시더라

- 눅 4:14-15

13

6 June

요셉이 세마포를 사고 예수를 내려다가 이것으로 싸서 바위 속에 판 무덤에 넣어 두고 돌을 굴려 무덤 문에 놓으매 때에 막달라 마리아와 요세의 어머니 마리아가 예수 둔 곳을 보더라 - 막 15:46-47

21

7 July

마귀가 또 예수를 이끌고 올라가서 순식간에 천하 만국을 보이며 가로되 이 모든 권세와 그 영광을 내가 네게 주리라 이것은 내게 넘겨준 것이므로 나의 원하는 자에게 주노라 그러므로 네가 만일 내게 절하면 다 네 것이 되리라 예수께서 대답하여 가라사대 기록하기를 주 너의 하나님께 경배하고 다만 그를 섬기라 하였느니라

- 눅 4:5-8

12

6 June

무덤에 들어가서 흰 옷을
입은 한 청년이 우편에 앉
은 것을 보고 놀라매 청년
이 이르되 놀라지 말라 너
희가 십자가에 못 박히신
나사렛 예수를 찾는구나
그가 살아나셨고 여기 계
시지 아니하니라 보라 그
를 두었던 곳이니라

- 막 16:5-6

22

7 July

마귀가 가로되 네가 만일 하나님의 아들이어든 이 돌들에게 명하여 떡덩이가 되게 하라 예수께서 대답하시되 기록하기를 사람이 떡으로만 살 것이 아니라 하였느니라

- 눅 4:3-4

11

6 June

예수께서 안식 후 첫날 이른 아침에 살아나신 후 전에 일곱 귀신을 쫓아내어 주신 막달라 마리아에게 먼저 보이시니 마리아가 가서 예수와 함께하던 사람들의 슬퍼하며 울고 있는 중에 이 일을 고하매 그들은 예수의 살으셨다는 것과 마리아에게 보이셨다는 것을 듣고도 믿지 아니하니라 - 막 16:9-11

7 July

예수께서 성령의 충만함을 입어 요단강에서 돌아오사 광야에서 사십일 동안 성령에게 이끌리시며 마귀에게 시험을 받으시더라 이 모든 날에 아무것도 잡수시지 아니하시니 날 수가 다하매 주리신지라

- 눅 4:1-2

10

6 June

그 후에 저희 중 두 사람이 걸어서 시골로 갈 때에 예수께서 다른 모양으로 저희에게 나타나시니 두 사람이 가서 남은 제자들에게 고하였으되 역시 믿지 아니하니라

- 막 16:12-13

24

7 July

백성이 다 세례를 받을쌔 예수도 세례를 받으시고 기도하실 때에 하늘이 열리며 성령이 형체로 비둘기 같이 그의 위에 강림하시더니 하늘로서 소리가 나기를 너는 내 사랑하는 아들이라 내가 너를 기뻐하노라 하시니라

- 눅 3:21-22

9

6 June

그 후에 열한 제자가 음식 먹을 때에 예수께서 저희에게 나타나사 저희의 믿음 없는 것과 마음이 완악한 것을 꾸짖으시니 이는 자기의 살아난 것을 본 자들의 말을 믿지 아니함일러라 - 막 16:14

7 July

선지자 이사야의 책에 쓴 바 광야에 외치는 자의 소리가 있어 가로되 너희는 주의 길을 예비하라 그의 첩경을 평탄케 하라 모든 골짜기가 메워지고 모든 산과 작은 산이 낮아지고 굽은 것이 곧아지고 험한 길이 평탄하여질 것이요 모든 육체가 하나님의 구원하심을 보리라 함과 같으니라

- 눅 3:4-6

6 June

주 예수께서 말씀을 마치신 후에 하늘로 올리우사 하나님 우편에 앉으시니라 제자들이 나가 두루 전파할쌔 주께서 함께 역사하사 그 따르는 표적으로 말씀을 확실히 증거하시니라 - 막 16:19-20

26

7 July

그 부모가 보고 놀라며
그 모친은 가로되 아이야
어찌하여 우리에게 이렇
게 하였느냐 보라 네 아버
지와 내가 근심하여 너를
찾았노라 예수께서 가라
사대 어찌하여 나를 찾으
셨나이까 내가 내 아버지
집에 있어야 될 줄을 알지
못하셨나이까 하시니 양
친이 그 하신 말씀을 깨닫
지 못하더라 - 눅 2:48-50

7

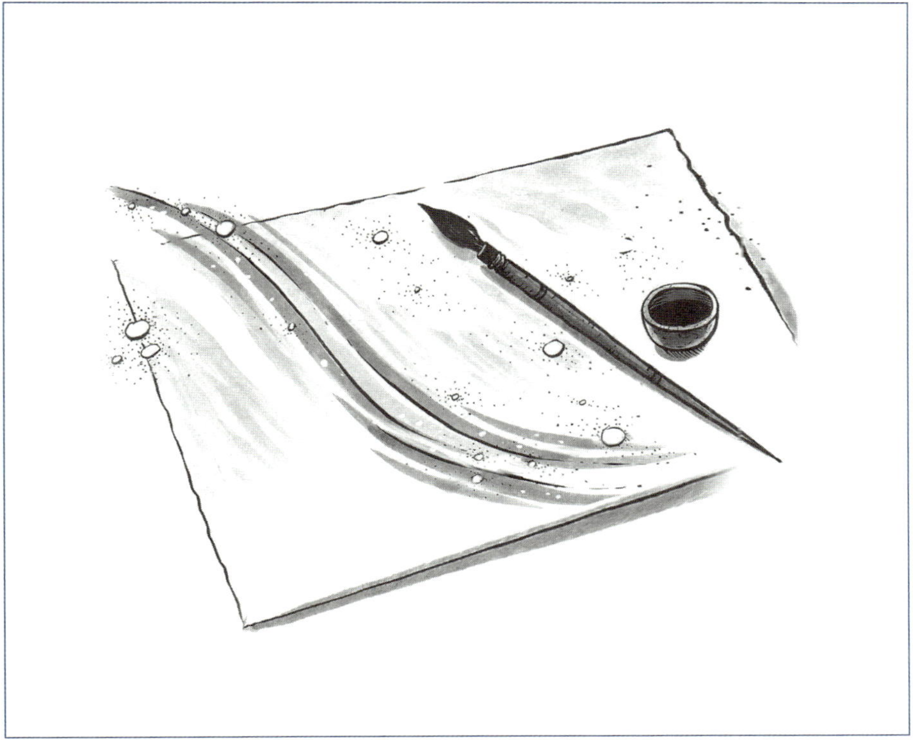

6 June

우리 중에 이루어진 사실에 대하여 처음부터 말씀의 목격자 되고 일꾼 된 자들의 전하여 준 그대로 내력을 저술하려고 붓을 든 사람이 많은지라 그 모든 일을 근원부터 자세히 미루어 살핀 나도 데오빌로 각하에게 차례대로 써 보내는 것이 좋은 줄 알았노니 - 눅 1:1-4

27

7 July

시므온이 아기를 안고 하나님을 찬송하여 가로되 주재여 이제는 말씀하신 대로 종을 평안히 놓아 주시는도다 내 눈이 주의 구원을 보았사오니 이는 만민 앞에 예비하신 것이요 이방을 비추는 빛이요 주의 백성 이스라엘의 영광이니이다 하니

- 눅 2:28-32

6

6 June

천사가 일러 가로되 사가랴여 무서워 말라 너의 간구함이 들린지라 네 아내 엘리사벳이 네게 아들을 낳아 주리니 그 이름을 요한이라 하라 너도 기뻐하고 즐거워할 것이요 많은 사람도 그의 남을 기뻐하리니 이는 저가 주 앞에 큰 자가 되며 포도주나 소주를 마시지 아니하며 모태로부터 성령의 충만함을 입어 이스라엘 자손을 주 곧 저희 하나님께로 많이 돌아오게 하겠음이니라 - 눅 1:13-16

28

7 July

천사들이 떠나 하늘로 올라가니 목자가 서로 말하되 이제 베들레헴까지 가서 주께서 우리에게 알리신바 이 이루어진 일을 보자 하고 빨리 가서 마리아와 요셉과 구유에 누인 아기를 찾아서 보고 천사가 자기들에게 이 아기에 대하여 말한 것을 고하니

- 눅 2:15-17

6 June

천사가 일러 가로되 마리
아여 무서워 말라 네가 하
나님께 은혜를 얻었느니
라 보라 네가 수태하여 아
들을 낳으리니 그 이름을
예수라 하라 저가 큰 자
가 되고 지극히 높으신 이
의 아들이라 일컬을 것이
요 주 하나님께서 그 조상
다윗의 위를 저에게 주시
리니 영원히 야곱의 집에
왕노릇 하실 것이며 그 나
라가 무궁하리라

- 눅 1:30-33

29

7 July

오늘날 다윗의 동네에 너희를 위하여 구주가 나셨으니 곧 그리스도 주시니라 너희가 가서 강보에 싸여 구유에 누인 아기를 보리니 이것이 너희에게 표적이니라 하더니 홀연히 허다한 천군이 그 천사와 함께 있어 하나님을 찬송하여 가로되 지극히 높은 곳에서는 하나님께 영광이요 땅에서는 기뻐하심을 입은 사람들 중에 평화로다 하니라 - 눅 2:11-14

4

6 June

엘리사벳이 마리아의 문안함을 들으매 아이가 복중에서 뛰노는지라 엘리사벳이 성령의 충만함을 입어 큰 소리로 불러 가로되 여자 중에 네가 복이 있으며 네 태중의 아이도 복이 있도다 내 주의 모친이 내게 나아오니 이 어찌 된 일인고 - 눅 1:41-43

30

7 July

요셉도 다윗의 집 족속인 고로 갈릴리 나사렛 동네에서 유대를 향하여 베들레헴이라 하는 다윗의 동네로 그 정혼한 마리아와 함께 호적하러 올라가니 마리아가 이미 잉태되었더라 거기 있을 그때에 해산할 날이 차서 맏아들을 낳아 강보로 싸서 구유에 뉘었으니 이는 사관에 있을 곳이 없음이러라

- 눅 2:4-7

3

7 July

그 부친 사가랴가 성령의 충만함을 입어 예언하여 가로되 찬송하리로다 주 이스라엘의 하나님이여 그 백성을 돌아보사 속량하시며 우리를 위하여 구원의 뿔을 그 종 다윗의 집에 일으키셨으니

- 눅 1:67-69

1

7 July

이는 우리 하나님의 긍휼을 인함이라 이로써 돋는 해가 위로부터 우리에게 임하여 어두움과 죽음의 그늘에 앉은 자에게 비취고 우리 발을 평강의 길로 인도하시리로다 하니라 아이가 자라며 심령이 강하여지며 이스라엘에게 나타나는 날까지 빈 들에 있으니라 - 눅 1:78-80

2